나를 소진하지 않는 관계의 말들

나를 소진하지 않는
관계의 말들

강은하 지음

테라코타

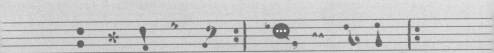

당신의 말이 당신의 가치를 담도록

모든 관계의 핵심은 말이다

그림 그리기를 처음 배울 때는 쉴 새 없이 선 긋기만 한다. 언제쯤 지루한 데생에서 끝나려나 궁금해지는 순간을 견뎌 내야만 형태를 그리고 색을 입히는 다음 단계로 넘어간다. 서예를 배울 때도 마찬가지다. 잘 쓴 글씨를 따라 써 보는 체본體本을 한다. 처음부터 잘 쓸 수 없으니 획 하나 그을 때도 천천히 따라 쓰면서 시작한다. 눈으로는 익숙해서 저 정도는 나도 쓸 수 있겠다 싶지만, 막상 따라 써 보면 쉽지 않다. 아니 어렵다. 모든 일이 그렇다. 처음부터 무작정 잘하려고만 하면 도통 실력이 늘지 않는다. 좋은 본보기를 정해 따라 해 보면서 지금 당장 잘 해낼 수 있는 것과 조금 더 연습이 필요한 것을 구분하며 효율적으로 훈련하는 지혜가 필요하다. 자주 실수하는 부분부터 줄여 나가는 것도 실력을 키우는 좋은 방법이다. 말하기도 마찬가지다. 발표나 연설, 프레젠테이션에서 혼자 말을 잘하면 된다고 여겼다면 이 책을 천천히 읽어 주시기를 바란다. 가벼운 대화 역시 쉽게 생각했다면 조금 더 천천히 읽어 주시기를 당부하고 싶다. 모든 말은 관계 속에 있다. 말하는 사람과 듣는 사람의 관계 속에 말이 이어진다. 듣는 사람을 고려하지 않은 말은 혼잣말에 가깝다.

이 책에는 스무 해 남짓 2만 시간 동안 10만 명 넘는 사람들의 말하기를 코칭하고 강의하면서 그들과 내가 배우고 겪은 시행착오들이 담겨 있다. 말을 못 하는 것은 아닌데 막상 중요한 날 앞에 서면 생각대로 되지 않았던 사람이 적지 않았다. 이 책은 독자 여러분이 인생의 갈림길에서 말하기가 중요한 순간들을 만날 때마다 응원 메시지가 되어 주길 바라는 마음으로 쓰고 정리했다. 책에서 소개한 도전과 실패를 거듭하면서 다시 일어나 결국 해내는 과정을 보며 '서예체본'처럼 활용하시길 바란다.

　그동안 강의와 강연 현장에서 만난 분들은 저마다 고민과 사연이 있었다. 말을 잘하고 싶은 사람, 말을 '더' 잘하고 싶은 사람, 제발 말해야 하는 날만 무사히 지나갔으면 좋겠다는 사람들까지 각양각색이었다. 어떤 사람은 발음은 정확한데 목소리가 상대적으로 작아서 좋은 발음이 잘 들리지 않기도 했다. 어떤 이는 준비한 말의 내용은 좋은데 전하는 말투가 다소 공격적이어서 의미가 왜곡되기도 했다. 또 다른 사람은 연습을 정말 많이 했다고 생각했지만, 중요한 날 망쳐 버린 기억 때문에 다시 그런 기회가 생겨도 용기가 나지 않는다고도 했다. 본의 아니게 단어 하나 잘못 사용해서 관계가 틀어지거나 지탄받는 일을 겪은 이도 있었다. 말 잘하기로 소문난 유명인들조차 실수가 없지 않았으며, 사랑받고 존경받는 사람들의 말하기에는 조금 다른 배려가 깃들어 있다는 점도 배웠다.

매 순간 언제나 100점인 말하기를 하는 사람은 없다. 누구나 실수하고 누구나 개선하기 위해서 연습한다. 내가 겪었던 실수를 톺아보고 연습으로 극복한 다른 이의 사례를 통해 나의 말하기가 달라지고 에너지를 소진하지 않는 관계로 바뀔 수 있다는 희망을 품으셨으면 좋겠다. 그런 희망을 안고 연습할 수 있도록 이 책에 자세하게 풀었다. 페이지마다 독자에게 말을 걸 것이다. 한 번에 통독하기보다 중요한 순간을 준비할 때 곁에 두고 조금씩 정독하기를 바란다.

첫 장에는 말하기가 관계에 미치는 중요성을, 둘째 장에서는 갈등을 피하면서 품격 있게 말하는 법을 다뤘다. 셋째 장에서는 같은 말도 듣기 좋게 하는 사람들은 어떤 말 습관을 갖고 있는지 살펴보았다. 마지막 장에서는 그동안 코칭하고 강의하면서 많은 도움이 되었다는 피드백을 추려, 매일 좋아지는 말하기 연습 방법들로 정리했다.

이 책을 쓰는 데 내 인생 20여 년이 필요했다. 이제야 쓰게 된 이유가 말은 글이 아니라, 말로 배워야 한다는 생각이 짙었기 때문이다. 화장하는 법이나 운전하는 법을 마치 글로만 배우는 것과 같다는 생각이 없지 않았다. 하지만 적어도 사용법이나 설명서를 읽고 해 보는 것과 그렇지 않은 것에는 분명 차이가 있다. 이 책은 말하기 실력을 올리기 위한 지침서이자 나의 말과 내가 말을 하는 주변 환경을 관찰하고 싶게 만드는 제안서다.

말은 때로 쉽기도 하고 여전히 어렵기도 하다. 내 말이 바뀌면 듣는 상대의 태도가 달라지고, 달라진 태도로 말을 주고받게 된다. 이렇게 하다 보면 우리들의 말하기 상황이 바뀔 수 있다. 소통에도 나비 효과가 있다고 믿는다. 이 책을 읽는 분들의 말하기가 나비의 아름다운 날갯짓이 되길 바란다. 애벌레 시절을 반드시 겪어야 나비가 되어 멋진 날개를 펼칠 수 있듯 외롭게 혼자 염려했던 말 고민을 이 책과 함께 천천히 풀어 나가시길! 당신의 말하기가 훨훨 날아 상대의 마음에 가닿아 꽃으로 피어나길 진심으로 응원한다.

말을 조금만 바꿔도
관계가 달라진다

1
-

말하는 법도 연습하면
반드시 좋아진다

99

큰외숙모의 서예 방은 차가운 먹 냄새로 가득했다. 친척들이 외가에 모이는 날이 되면 큰외숙모의 방을 몰래 구경할 수 있어서 외가에 가는 날을 참 좋아했다. 문이 살짝 열린 틈으로 눈을 최대한 크고 동그랗게 떠야 볼 수 있었지만, 어린 날의 내 키만큼 높은 책상 위에 가지런히 늘어뜨린 하얗고 긴 종이 위의 글씨들은 때로 마치 살아 움직이는 것 같았다. 국선에서 상도 타실 만큼 실력도 출중하셨고, 다음 작품을 준비하신다는 말도 종종 들었다. 외숙모의 까만 글씨들은 외숙모의 분위기와 조금 달랐다. 언제나 인자하고 다정하게 토닥여 주시던 모습과는 달리 외숙모의 서예 글씨는 매우 힘 있고 멋있었다. 유년기 시절 매일 학교에 남아 원고지 칸을 채우며 글쓰기를 숙제처럼 하던 때여서 더 그렇게 느꼈을지도 모르겠다. 그때마다 마음속으로 생각했다. 키가 커지고 어른이 되면 원고지보다 더 크고 긴 종이에 외숙모처럼 큼직큼직하게 글씨를 잘 쓸 수 있게 된다고 믿었다.

어른이 되었고, 키는 많이 크지 않았지만, 글씨를 잘 쓰고 싶은 욕심은 여전하다. 몇 해 전, 첫 책을 집필하기도 전이었다. 직접 쓴 책을 고마운 사람들에게 선물할 때 그 이름들을 책 안쪽에 정갈하고 멋지게 적고 싶어졌다. 첫 책을 내기도 전이었으니, 순서가 뒤바뀌었지만, 무작정 캘리그래피 수업을 신청했다. 한문 서예가 아닌 한글 작업이어서 금방 연습할 수 있을 것 같았다.

　첫 수업에서 선생님은 이번 수업에 대한 기대와 다짐을 각자 손글씨로 써 본 후 제출하게 했다. 수강생들이 쓴 글씨들을 보면서 이른바 글씨 첫인상 품평회를 해 주셨다. 신기하게도 글씨만 보고도 어떤 생활 습관을 지녔는지, 규칙적인 출근과 퇴근을 하는 직업인지 아닌지, 성격이 급한지 아닌지 알아맞혔다. 취미반이었기 때문에 선생님은 수강생들의 실명도 아닌 신청할 때 적어 낸 애칭만 알고 다른 정보는 전혀 모르는 상태였는데도 말이다. 다들 자기 글씨에 대한 평을 들을 때마다 감탄을 연발했다. 드디어 내 글씨 차례가 됐다. 글씨만 딱 보고도 미루어 짐작해 평소 생활이 드러난다니 긴장이 됐다.

"일정한 시간에 출근과 퇴근을 하는 분은 아니신 것 같아요. 글씨체도 일부 자음에서 변형이 보이는 것으로 봐서 자유로운 일을 하시는 분인 것으로 짐작됩니다. 성격은 차분하시지만, 또 열정이나 뚝심이 있어 보이기도 하고요. 맞나요? 이 글씨는 어느 분이 쓰셨나요?"

손글씨를 써서 낼 때 수강생 고유의 글씨체를 평가받을 것이라고 예상은 했었다. 이렇게 생활 방식이나 성격까지 비슷하게 맞히리라고는 상상하지 못했다. 어린 시절 외숙모 방을 들여다볼 때보다 눈이 더 동그랗게 커져서 어깨 위로 손을 살짝 들었다. 나름 정갈하게 잘 써서 잘 보이려고 했던 내 의도는 완전히 빗나갔지만, 마음 한구석 위로를 진하게 받았다. 당시에 뒤늦게 대학원도 다니면서 매일 교양 프로그램에서 성우 내레이션도 여러 꼭지 하고 있었고, 대학 출강 강의에 기업 컨설팅까지 일인다역으로 살고, 아니 살아내고 있었다. 주말부부로 지내고 있던 때라 이동을 위해 금요일 정오까지는 모든 일을 반드시 마쳐야 하다 보니 남들보다 매사 빠른 속도로 살고 있었다. 그런데도 겨우 평일 하룻저녁 비는 시간에 글씨를 잘 써 보고 싶다고 등록한 수강생이었으니 선생님의 말씀은 거의 맞았다.

글씨만 보고도 삶이 보인다니 나이가 지긋한 분도 아니었는데 전문가는 과연 다르다고 하며 감탄의 여운이 길었다. 글자와 글자 사이의 간격이 선생님이 보시기에 일정하지 않았고, 모음의 세로획은 힘 있게 내려긋는 편인데, 가로획은 또 상대적으로 그렇지 않았다고 했다. 'ㅂ'이나 'ㅎ' 자음을 쓰는 방식도 단어마다 다르게 사용한다고 했다. 그때 캘리그래피 선생님의 말씀은 내내 낙관처럼 각인됐다. 예전보다 손글씨를 덜 쓰는 세상이라 글씨 전문가들의 눈에 내 삶이 덜 들켜서 다행(?)이다.

말 습관을 조금만 바꿔도 관계가 달라진다
—

살면서 생긴 습관이나 일을 처리하는 방식, 사람의 관계는 글씨만이 아닌 말에서도 찾을 수 있다. 지난 20여 년 동안 '말하는 사람'으로 다양한 상황에서 일을 해 보니 글씨처럼 말하기에도 그 사람의 습관과 생각, 더 나아가 삶이 조금은 보인다. 주로 어떤 단어들을 자주 사용하는지, 말 속도는 어떤지, 대화에서 차지하는 발화의 분량은 어느 정도인지, 주제에 맞춰 논리적으로 자기 생각을 잘 펼치는지 아닌지도 말하기를 조금만 들어 보면 보인다. 대화할 때는 편하게 말하지만, 공식적인 자리에서 말하기를 할 때는 조급해지는 사람이 있는가 하면 오히려 그 반대인 경우도 있다. 연설이나 발표는 잘하는데 일대일 대화에서는 자주 막히는 사람도 있다.

정규 교육을 마친 후 직장생활에서 또는 계약이나 협상 자리에서 또는 고객을 만나 맞닥뜨린 말하기 상황에서 녹록지 않음을 깨닫는 경우가 잦다. 한두 번의 실수나 실패로 인해 말하기 불안이나 공포로까지 이어져 기회가 생겨도 잘 나서지 않게 되는 사람도 많다. 말을 다듬거나 연습하려는 마음은 점점 작아지고 만다.

서예가들이 작품을 낼 때 한 획을 잘 긋기 위해 무수히 많은 시간을 공들여 연습한다고 한다. 우리 말이 모국어라 의사소통에 문제 되지 않는다고 여기기 때문에 말하기 연습을 제대로 할 생각을 하지 못한다. 중요한 발표나 연설, 면접시험이나 프레젠테이션 발표쯤은 앞두고 있어야 중얼중얼해 보기라도 한다. '중얼중얼'을 연습할 만큼 했다고 착각하기도 한다. 굳은살처럼 거칠고 딱딱해진 말 습관이 조금만 바뀌어도 그 사람이 달라 보일 수 있다. 사람은 고칠 수 없어도 그 사람의 말은 고칠 수 있다.

문해력이 중요해진 시대, 읽고 쓰고 듣고 말하는 소통에서 말하기가 차지하는 비율이 낮지 않다. 대학교에서 스피치 교과목을 한 학기 내내 가르쳤는데, 그때 수강한 20대들도 첫 시간과 비교해 보면 말하는 법이 달라졌다. 그중 몇몇 학생은 전혀 다른 사람처럼 말 실력이 많이 늘기도 했다. 토론 수업에서 주제 발언을 한 문장 이상 꺼내지도 못하고 포기하며 울먹거리던 학생이 학기 마지막에는 상대를 이길 정도로 토론을 멋지게 해냈다.

최종 면접에서 자꾸 탈락하던 20대 후반의 청년은 가진 실력이 출중했음에도 말로 표현하는 데는 조금 아쉬움이 있었다. 자신의 강점을 부각해서 말하는 법을 알려주고자 또래들보다 조금 다른 아르바이트 이력과 경험을 구체적으로 말해 보도록 했다. 또한 지원 기업에서 일하는 데 필요한 역량과 연관하여 말하는 내용으로 교정했다. 그 결과 지금은 원하는 회사에서 승진을 계속 이어 가 본인이 원하는 부서에서 즐겁게 일하고 있다.

공무원으로 재직하다 해당 부처에서 선발되어 새로운 직무를 맡게 된 한 대변인도 있었다. 일주일에 한두 번씩 카메라 앞에서 언론 브리핑하고 기자들의 질의에 답변하는 내용이 고스란히 영상으로 녹화되어 해당 부처 홈페이지에 파일이 올라갔다. 주변에서 '이렇게 해라, 저렇게 해라' 지적 같은 응원(?)은 받았는데 막상 어찌 준비하고 연습해야 할지 잘 모르겠다고 했다. 정부의 미디어 트레이닝 교육에서 처음 만났는데 교육 후 한참이 지난 연말에 따로 문자로 자신의 업무 근황을 전해 왔다. 맡은 업무를 잘하고 싶은데 도통 어떻게 해야 할지 몰라 스트레스도 받고 고민이 컸는데 코칭 시간에 배운 대로 연습했더니 좋아졌다고 했다. 매주 녹화된 브리핑 영상 속 자기 모습을 이제는 마주할 용기가 생겼고, 업무 스트레스도 조금 줄었다고 했다.

그런가 하면 의료학회 특강에서 만난 50대의 안과 의사는 앳

된 목소리 때문에 처음 만나는 환자들의 오해를 받는다는 고민을 털어놓았다. 자신이 대표 원장인데도 너무 젊게만 봐서 전문성이나 신뢰에 점수를 잃는 것 같다고 하며 점잖고 좋은 목소리를 내는 방법을 궁금해했다. 특강을 마치고 연단에서 내려와 현장을 나가려던 나를 복도에서 붙잡고 한참 말씀하셔서 기억에 오래 남는다. 다행스럽게 호흡 방법 교정으로 좋아졌다고 소식을 전해오기도 했다. 또 다른 정형외과 의사는 수술실에서 호랑이로 통하는 철두철미한 분이었다. 마찬가지로 목소리 고민이 있었다. 다소 거친 목소리 때문에 음주 후 진료나 수술하는 것으로 여러 차례 오해를 받아 속상해했다. 목소리 사용법과 생활 습관 교정을 (의사가 아닌 내가 의사에게) 권유한 후 학회 발표에서 박수받았다는 이야기도 전해 왔다.

이렇게 각자의 말하기를 조금만 다듬으면 소통이 쉬워진다. 말 습관 하나만 교정해도 조직에서 인정받는 일이 늘어난다. 말은 말하는 사람의 신뢰와 호감과 직결된다. 30명을 대상으로 지도해도 30가지의 말 고민이 나오고, 300명을 대상으로 강의해도 300가지 고민이 나온다. 즉, 누구나 말 고민 하나씩은 다 있더라는 것을 현장에서 늘 확인했다. 더 잘하고 싶고, 개선하고 싶은 말 고민의 결이 조금씩 다르더라도 몇 가지 분류로 나눌 수 있다. 준비나 연습이 잘못되어 중요한 날에 말 실수가 생기는 부류, 말로 내뱉어 연습을 해 보지 않고 단순히 외운 것으로만 최종 연습을 하는 사람, 사투리가 고민이라고 하지만 사투리보다 내용 전개의 논리가 맞지 않아 수정이 필요한데 억양에만 신경 쓰느라 정작 중요한 것은 놓치는 사람, 말 속도가 너무 빨라서 준비한 만큼 잘 해내지 못하는 부류 등 겹치는 고민이 있다.

강의와 코칭을 통해 좋아진 사례들과 다른 사람에게 통했는데 누군가에게 통하지 않아 다른 방법으로 끝내 잘할 수 있게 도왔던 에피소드들은 모두 하나의 결론이다. 연습한 만큼 실력이 늘어난다는 것이다. 탁월하게 말 잘하는 것은 타고나는 것이라 생각한다면 앞으로 풀어 놓을 '타고난 실력을 갖추지 않은' 사람들의 말하기 습관 개선 성공기를 통해 벤치마킹해 보시라. 그렇게 내 말이 달라지면, 말을 주고받는 관계도 더 좋게 변화하고, 관계가 변하면 나와 상대에게도 선한 영향력이 생긴다. 선한 영향을 주고받는 관계가 더 풍성해지면 쓸데없는 일에 에너지를 쏟지 않고 삶에 더 집중할 수 있다. 내 경험상 글씨 연습보다 말 연습이 조금 더 쉬웠다라는 작은 희망도 함께 전한다. 말은 연습하면 할수록 늘고 들으면 들을수록 달라진다.

2

주고받는 말이
관계의 밀도를 결정한다

99

미국의 저널리스트이자 작가인 데이비드 브룩스David Brooks는《사람을 안다는 것How to know a person》이란 책에서 고정관념과 편견의 대상이 어떻게 만들어지는지 설명했다. 처음 만난 사람과 대화할 때 상대를 정확하게 파악할 수 있는 경우는 20퍼센트밖에 되지 않으며, 가족이나 친구 사이에는 35퍼센트 정도만 파악할 수 있고, 오래된 부부 사이조차 서로의 마음을 읽고 이해하는 정확도가 떨어진다고 했다. 결국 무지에서 무관심으로 이어지고 고정관념과 편견의 대상이 될 수 있다고 했다. 가족 사이에도 말이 잘 통하지 않는 사이가 있을 수 있고, 일로 만난 사이라 하더라도 때로는 가족보다 소통이 잘 되는 관계가 있기도 하다.

말하기가 얼마나 편한지에 따라 관계의 거리가 결정될 수 있다. 새로운 곳에서 강연 요청을 전화로 받은 후 상대에 대한 느낌은 실제로 만났을 때, 예상이 빗나가기도 했고 생각대로 잘 들어맞기도 했다. 첫 대화에서 말 속도가 빠른지, 문장을 짧게 쓰는지 길게 사용하는지, 직접 말로 하는 전화를 선호하는지, 메시지 소통을 더 편하게 여기는지 살펴보면 상대가 일을 대하는 방식이나 성향을 어느 정도는 미루어 짐작할 수 있다. 그렇게 수집한 힌트 조각들은 하나의 이미지가 되어 상대를 만나기 전 상상 속 규정된 모습으로 구축되어 첫인상에 영향을 미친다. 하지만 언제나 예상했던 100퍼센트대로 꼭 맞는 게 아니었다. 알고 지낸 세월이 길더라도 각자 생활이나 일의 발전 속도도 다르고 주변에 영향을 받는 말의 범위도 다르니 앞으로 몇 차례 더 '일로 만난 사이'를 유지해 나간다고 할지라도 언제나 소통 방식에 변수는 존재한다. 오래전 유명했던 제과 광고가 떠오른다. '말하지 않아도 알아요'라는 초코파이 광고 문구대로 말없이 마음이 온전히 통하기가 현실에서는 정말 어렵다. 그러니 말하기에 연습이 필요하다.

1년에 몇 차례씩 정기적으로 교육 프로그램 이야기를 나누는 교육 기관의 담당자가 있다. 10여 년 전 팀장이었던 그를 처음 만났을 때나, 직급이 올라 한 부서의 센터장이 된 지금이나 늘 한결같다. 언제나 상대를 존중하고 한 호흡 먼저 챙긴다. 이를테면, 교육 현장에서 만나 잘 마무리하고 주차장으로 이동할 때쯤 되면 '이번에도 도움 주셔서 고맙다'라는 문자메시지가 온다. 내가 강의를 할 수 있는 자리를 제공하는 쪽인데도 언제나 '함께해서 든든하다'라고 말씀하신다. 그 조직의 인턴부터 회장까지 그분을 향한 감사와 칭찬이 담긴 미담이 늘 따라다닌다. 맡은 프로젝트를 잘 해내고 좋은 성과를 거두니 어깨에 힘이 들어갈 만도 한데 단 한 번도 그런 모습을 보지 못했다. 말과 행동, 마음 씀씀이가 한결같이 다정하고 멋진 분이다.

말은 말하는 사람의 인품을 그대로 드러낸다

———

무심히 나온 멋진 말이 선입견을 바꾸기도 한다. 작년 한 해 전현직 장관, 차관을 비롯해 중앙 정부 공무원 실장 국장 직급의 미디어 트레이닝 전담 강사로 참여했다. 언론에 노출도 자주 되고, 맡은 업무가 중책이다 보니 본의와 다르게 오해를 사게 될 만한 말 습관들을 바로 잡으며 연습하고 개선하는 교육이었다. (대부분 기업에서 직급별, 직무별로 스피치 교육이 있듯 정부 공무원들을 대상으로도 해마다 직급별 교육이 운영된다.) 20명이 넘는 분들을 개인별로 지도했는데 누구보다 기억에 오래 남는 분이 있었다.

평일 교육이 원칙인데 일정상 불가피하게 토요일에 하게 된 어느 날이었다. 2주 연속 주말에 일하러 가야 하는 강사도, 운영진도, 카메라 촬영 팀도 반가운 일정일 리 없었다. 물론 그때밖에 시간이 나지 않는 교육 대상자도 오죽했을까만은 미리 찾아본 자료들을 취합해 보니 호감보다 비호감 정서가 적지 않아 시작 전부터 모두 살짝 긴장하고 있었다.

그런데 이런 불편함이 고위직에 있는 교육 대상자의 말 한마디로 단번에 사라졌다. 고위직인 만큼 수행비서가 동행할 법한데 토요일이라 혼자 왔다며 교육 장소인 스튜디오로 바로 들어오셨다. 운전사도 없이 지하철 타고 오셨다는 소탈한 '그분'께서는 교육 장소로 자리를 안내받자마자 "토요일에 이렇게 다들 수고하시게 해서 미안합니다. 준비 잘해 주신 만큼 저도 열심히 배우고 가겠습니다"라고 인사를 건네주셨다. 순간 귀를 의심하면서 잔뜩 긴장했던 어깨에 스르르 힘이 풀렸다. 그의 말은 그저 그런 인사치레가 아니라 진심이 담겨 있는 말투였다.

그분은 스피치 코칭을 받는 시간 내내 집중하셨다. 앞서 순서에 따라 참여한 분들에 비해 가장 성실하게 임해 주셨다. 어떤 말도 놓치지 않고 바로 적용해 보려 애쓰기도 하시고 미리 궁금한 점을 적어 왔다면서 질문도 많이 하셨다. 강의하는 사람으로서 이런 학습생을 만나는 것은 큰 기쁨이다. 네 시간을 꽉 채운 교육이 끝나고 자리를 떠나면서도 눈에 보이는 모든 사람에게 감사를 전했다.

이렇게 선하고 멋진 분만 있다면 세상이 참 아름다울 텐데 그렇지 못한 경우도 종종 있다. 시작 단계부터 무례한 사람은 그 일이 끝날 때까지 무례함이 한결같다. 사람이 그릇이라면, 말은 담겨 있는 무엇이다. 그 무엇은 수색이 곱고 청연한 차일 수도 있고, 먹다 만 찌개 찌꺼기일 수도 있다. 주고받는 말이 맑은 차를 닮았는지 고인 음식물 찌꺼기와 같은지 살펴보면 관계의 밀도가 어떤지 답이 나온다. 계산하지 않고 무심코 나온 말은 인품을 그대로 드러낸다.

《어른답게 말합니다》를 쓰신 강원국 작가님은 말은 입 밖으로 낸 순간부터 내 것이 아니라고 하셨다. 입 밖에 내기 전까지만 내 것이라고 강조하셨다. 말할지 말지는 자신이 선택할 수 있다. 나쁜 의도가 있든 없든 반사적으로 내뱉는 못된 말 습관도 고칠 수 있다. 상황에 따라 감각 있게 말하는 방법도 연습하면 반드시 내 것이 된다. 다만 그것이 자기 입에 착 붙어 진짜 말이 되기까지는 시간이 필요하다.

내가 하는 말로 킬러가 될 것인가 힐러가 될 것인가

한 지자체에서 해마다 강연 콘서트를 열었다. 3년 동안 격주로 한 번씩 100회 가까이 단독 사회자로 섰었다. 말을 늘 하기만 했지 명 연사들의 말을 듣고 직관할 기회는 흔치 않아서 다른 일들을 다 조정하고 수락해 마이크를 잡았었다. 물론 처음에는 3년이나 하게 될 줄 몰랐지만 말이다. 100인의 연사 중 TV에서 보던 대로 무대 뒤나 무대 위에서도 한결같은 분이 있는가 하면 그렇지 않은 분도 더러 있었다. 안타깝게도 첫인사부터 무대에서 내려올 때까지 5분에 한 번씩 불평을 쏟아 내던 연사도 있었다. 잊고 싶은데 잊히지 않는다.

이런 경우 사회자는 진땀이 나고 머리가 쭈뼛 선다. "관객이 적어서 오늘 말할 맛이 나지 않는다"라고 하지를 않나, "여기까지 오느라 몇 시에 출발해서 내내 막혀서 힘들었다"라고 하지를 않나. 거기까지는 백번 양보해서 조금 귀여운 투정이라고 치자. 하지만 이미 무대에 올라갔으면서 "강사비가 평소 자신이 받는 수준의 반인데도 오늘 왔다"라고 말할 때는 정말 하늘이 노래졌다. 정작 그 말을 꺼낸 사람은 아무렇지 않아 했지만 무대 한쪽 사회자석에 서 있던 나는 그대로 주저앉고 싶었었다. 100회의 무대 중 가장 힘들었던 날로 기억한다. (사실 그 당시 강연료가 상대적으로 적은 편도 아니었다.)

다양한 상황에서 모든 말을 이치에 맞게 정확하게 사용하기까지 바라지는 않는다. 누구나 실수는 할 수 있다. 하지만 적어도 청중이 300명이나 가득 앉아 있는 자리에서는 하지 말았어야 했다. 하지 않아야 할 말만 미리 헤아리더라도 최소한 남에게 상처를 주거나 스스로 비호감이 되는 일은 막을 수 있다. 예상했던 대로 그날 강연회는 강연 후 만족도를 조사하는 설문에서 항의가 빗발쳤다. 요즘도 여전히 종종 말실수로 입에 오르내리는 사람이라 아쉽다. 자기 말을 자신이 전혀 듣지 않는 것이다.

어떤 말을 해야 할지 몰라서 '아무 말 대잔치'를 하게 생겼다면 몇 가지만 기억해도 실수를 줄일 수 있다. 실수만 하지 않아도 중간은 갈 수 있다. 유튜브 채널에서 선배 연예인과 대화하던 개그우먼 장도연 님은 이런 말을 남겼다.

"내가 하는 말이 혹시 누군가에게 상처가 되지 않을지 늘 고민해요. 그래서 신문을 꼭 읽습니다. 신문을 읽는 내가 멋지다고 스스로 칭찬해 주면서요."

얼마나 멋진가, 얼마나 세심한 배려인가. 누구나 자신의 처지가 있고 의견이 있다. 하지만 그 견해를 말로 내뱉었을 때 누군가 토론을 하게 될 여지를 주는 것까지는 건강한 대화가 될 수 있지만, 그 말이 비난이 되어 상처로 변질되면 안 된다는 것을 그는 잘 알고 있었다. 그가 MC를 맡은 다른 유튜브 채널에 동료 연예인들이 출연하기 위해 줄을 섰다는 소문은 사실일 것만 같다.

말은 하는 사람을 그대로 보여 준다. 그 사람의 생각과 가치관이 말로 드러난다. 애써 과장되게 색칠한 말은 처음에는 빛나는 것 같아도 퇴색되고 밑그림만 남는다. 밑그림으로 그린 생각이 말로 잘 드러나도록 살피고 연습해야 한다. 내가 하는 말 때문에 킬러가 되는지 힐러가 되는지 생각해 보자.

3

다정하게 말할수록
말의 힘은 더 강해진다

99

사계절이 구분되는 나라에 살아서일까, 우리가 주고받는 말에도 봄, 여름, 가을, 겨울 날씨처럼 온도 차이가 느껴진다. 봄 햇살처럼 곱고 따뜻한 말, 한여름 소나기처럼 시원하고 명쾌한 말, 더위가 가실 무렵 시원하게 불어오는 초가을 바람처럼 꼭 들어맞는 온도의 말, 그리고 옷깃 단단히 여미게 할 정도로 추운 겨울을 닮은 쌀쌀한 말이 있다.

감사하게도 섭외 요청 연락이 어느 시기에 집중적으로 몰릴 때가 있다. (일하는 날이 따로 있나 보다.) 여러 가지 일정과 처우도 고려 대상이지만 담당자의 말 때문에 거절하기도, 말 덕분에 수락하기도 한다. 오랜만에 연락을 주는 분이 "이번에도 함께하게 되어서 든든하다"거나 "잘하시니까 이번에도 믿는다"라는 말을 전한다면 설령 그 마음이 100퍼센트가 아닌 비즈니스용 문구일지라도 말이 지닌 다정함 덕분에 일을 잘 해내고 싶게 만든다.

따뜻한 말은 다정한 태도를 만든다
—

몇 년이 지났어도 기억에 남는 담당자의 말이 있다. 아니, 말 덕분에 그를 기억한다. 도서관 주최로 저자 강연 북토크 행사의 사회자를 맡아 달라는 섭외 요청으로 처음 연락을 주고받게 되었다. 살펴보니 서울에서 이동하려면 하루를 꼬박 다 소진해야 하는 일정이었다. 도서관 예산이 한정되어 있고 공공 행사라 사회료도 다른 행사에 비해 많지 않았다. 섭외하는 입장에서도 참 쉽지 않았겠다 싶었다. 개인적인 부탁도 아니고 지역 행사이니 반드시 그 자리에 누군가는 진행을 맡아야 했을 것이다.

첫 연락은 회사 공식 채널로 요청이 왔다. 간단한 일정 안내와 함께 직접 통화를 원한다며 연락처를 남겨 주셨다. 회사 내부에서 일정을 전달받고 고민이 되었다. 평소 꼭 뵙고 싶었던 좋아하는 저자의 북토크 행사여서 그 자리에 사회자로 서는 것만으로도 설레는 일이었다. 하지만 모든 일을 설렘만으로 할 수 있는 것은 아니다. 평일 중 하루를 온전히 비우기 위해서는 다른 일정들도 조율해야 하고 행사를 마치고 이동해 밤늦게 도착한 후 다른 일정도 준비해야 하니 설렘만으로는 결정이 쉽지 않았다. 현실적인 어려움이 여러 개였음에도 진행을 맡기로 결정한 것은 오직 그분의 말 덕분이었다.

흔히 예상할 수 있는 섭외 시나리오는 이렇다. 행사 취지와 일정과 예산이 적힌 안내문이 메일로 온다. 회신에 따라 다소 사무적으로 확인 사항만 서로 주고받으면 확정 여부가 결정된다. 행사 당일까지 담당자와 전화 통화 한 번 없이 문자나 메일로만 연락한 경우들도 적지 않았다. 그런데 '남달랐던' 이분은 내가 그동안 어떤 행사의 사회자로 섰었는지도 알고 있었고, 이번 행사의 주인공인 저자의 책을 읽고 어떤 감상을 남겼는지까지 줄줄이 꿰고 있었다. 덧붙여 자신도 같은 대목에서 공감했다면서 반가워했다. 이번 행사를 어떻게 준비했고, 어렵게 모시는 작가님이니 책 내용은 물론 작가님을 평소에 좋아하고 잘 이해하는 사람이 사회를 맡아 주었으면 좋겠다고 했다.

이런 연락은 처음이었다. 내게 제안을 하기 전에 다른 이들에게 여러 가지 여건이 맞지 않아 어쩌면 거절당했을지도 모를 일이다. 아니면 정말 말 그대로 내게 처음 연락을 준 것일 수도 있다. 상황이 어찌 됐든 정성껏 제안하는 그분의 말을 듣고서는 이미 다정함이 동기화되어 통화를 하며 고개를 끄덕이고 있었다. 이동 거리와 준비 시간, 책정된 사회료만 놓고 보면 멋지게 바로 수락할 수 없어서 안타까울 정도였다. 다행히 다른 일정도 유연하게 조정됐고, 이왕 멀리 떠나는 거리이니 남편과 함께 그 지역에서 1박을 하고 오기로 결정했다. 회신을 위해 담당자와 통화를 다시 한 날이었다. 그분의 첫 마디가 아직도 생각난다. "기다리고 있었습니다." 그리고 잠시 호흡을 가다듬더니 "저희 여건이나 일정이 무리가 되면 편하게 말씀해 주셔도 좋습니다. 하지만 언젠가 꼭 뵙게 될 것이라고 믿고 있어요"라고 다정하지만 단단한 마음을 건네주었다. 나도 말을 이어갔다.

"제가 너무 기다리게 해 드렸죠. 조정해야 했던 다른 일정이 잘 변경됐습니다. 꼭 진행하고 싶은 행사에 초대해 주셔서 저 역시 기뻐요. 믿어 주시니 더 감사합니다. 남은 기간 동안 저도 꼼꼼하게 준비하겠습니다."

사회자로서 준비해야 할 부분과 장소 정보, 예상되는 청중의 규모도 챙기며 섭외에 대한 감사를 거듭 전했다. "진짜요?" 하면서 어린이처럼 기뻐하던 목소리가 아직도 귓가에 생생하다. 내가 뭐라고 이렇게 얼굴도 아직 모르는 분이 좋아해 주시나 싶었다. 말씀 한 마디 한 마디에 진심이 느껴지니 그 행사에서 마이크를 잡기도 전에 이미 애정이 듬뿍 생겨 버렸다. 그때 진행한 행사는 어린이날 제정 100주년 기념으로《어린이라는 세계》를 쓰신 김소영 작가님의 북토크였다. 부산 해운대도서관의 북토크 담당자 분이 주신 연락 덕분에 그날 처음 뵙게 된 김소영 작가님과는 이후 개인적으로도 연락을 주고받는 사이가 되었다. 단순히 거리와 계산만으로 움직였다면 얻지 못할 감사하고 귀한 인연이 생겼다. 북토크 행사가 끝나고 부산에서 하루 머물겠다는 말에 이분의 다정함이 화룡점정이었다.

"부산에 오셨으니 유명한 데도 가시면 더 좋을 텐데 내일 바로 가셔야 하신댔죠. 머무시는 숙소 근처에 부산 국회도서관이 있어요. 거기가 저희 부산의 자랑이기도 하고요. 제 생각에는 그 장소 무척 좋아하실 것 같아요."

와! 행사 이후 머무는 시간과 내 취향까지 고려하고 있었다. 박물관이나 미술관, 도서관에 다니는 일상을 당시에 종종 SNS에 올렸었는데 기억해 두고 있었던 것이다. 따뜻한 말은 관심에서 나온다. 그리고 다정한 태도를 만든다. 그분 주변에는 왠지 다정한 사람들만 있을 것 같았다. 그 이후로 부산은 내게 다정한 도시로 기억된다. 일정 때문에 바다는 보지 못하고 왔기에 맑은 날 해 질 무렵 해운대에 비친 윤슬을 보러 한 번 더 가고 싶어졌다. 다시 부산에 가게 된다면 아마도 그분의 다정함 덕분이리라.

무언가를 요청하거나 부탁할 때 듣는 사람의 입장을 한 번 더 생각해서 말하자. 어려운 부탁이나 요청도 조금은 쉬워진다. 멀리 이동해서 온 사람을 만나는 자리에서는 "여기까지 오느라 애썼다, 그래서 더 반갑다"라는 마음을 표현하면 딱딱한 어색함도 한결 풀린다. (쑥스러워서 입 밖으로 안 나오면 제발 이것만큼은 외우자라고 외치고 싶다.) 그 사람과 친해지고 싶고 가까워지고 싶고 함께 무언가 잘해 보고 싶다면 눈빛만으로는 부족하다. 말로 해야 안다. 쑥스러움을 참고 뱉은 말은 다정함이 부메랑처럼 돌아올 것이다. 회사에서 점심 식사 장소를 먼저 나서서 예약한 동료에게도 "미처 몰랐는데 여기 진짜 맛있다"라거나 "꼭 와 보고 싶었다, 늘 줄을 길게 서거나 붐벼서 엄두가 안 났었는데 오늘 ○○덕분에 먹어 보게 되니 고맙다"라고 말하자. 애쓴 노력과 시간을 들여 준비한 무언가를 알아주는 것만으로도 대화의 물꼬가 트이고 분위기가 좋아진다. 좋은 분위기에 함께 있었으니 관계가 좋아지는 것은 당연하다.

누군가의 수고를 당연하게 여기지 않는 따뜻한 말이 필요하다. 그런 말을 들어 본 적 없다면, 아쉽게도 주변이 건조한 공기로만 가득 찼다면 내가 먼저 해 보자. 그 말은 안 듣고 싶어도 계속 들리고 생각나는 '수능 금지곡 후렴구'처럼 다시 내 귓가에 맴돌게 될 것이다. 따뜻한 말에서 시작된 다정한 태도는 내게 다시 따뜻한 말이 되어 돌아온다.

4

사소한 것도 놓치지 않는
섬세한 말들

99

계절이 바뀔 때면 살이 찌곤 한다. 살이 찐 것과 계절이 바뀐 것과 도무지 인과관계가 성립하지 않는다는 것을 알지만 그렇게라도 합리화하고 싶어진다. 살이 찌려거든 전체적으로 고르게 찌면 차라리 덜 불편하겠는데 그동안 입었던 옷이 어느 부분은 작고, 또 어느 부분은 커져서 수선비가 더 들게 생겨서 하는 말이다. 고민 끝에 좋은 날 입을 새 옷 한 벌은 있어야겠다 싶어 맞춤 옷집을 찾았다.

언제나처럼 따뜻하고 상큼한 향이 나는 차를 먼저 내주고, 미소로 맞이하는 디자이너를 만났다. 오랜만이라며 반가워하는 그녀는 원하는 디자인이나 옷감, 입을 용도를 묻더니 잠시 대기실에서 기다리라고 안내해 주고 안쪽 문으로 들어갔다. 그때, 막 치수를 재고 나오는 사람과 눈이 마주쳤다. 신체조건이 거의 모델이었다. 그동안 내 성격상 누군가를 부러워하지 않는 무던한 성격이라고 생각했는데 아니었다! 순간 멋진 사람을 보고 3초 아니, 5초쯤 진심으로 부러워졌다. 부러움도 잠시, 다음 순서가 나였다. 안쪽으로 들어오라는 말을 듣고 우울해졌다. 제비뽑기에서 꽝을 뽑은 사람처럼 잔뜩 풀이 죽어서 최대한 천천히 걸음을 옮겼다. '아… 왜 하필 지금 이 순서란 말인가… 급한 일이 생겨서 다음에 다시 온다고 할까' 하고 그 자리를 회피하고 싶은 마음이 풀린 실타래 한 뭉치보다 길어졌다.

언젠가 시상식에서 류승완 감독님이 배우 정우성 님과 이정재 님 다음 순서로 수상 소감을 밝히면서 화면이 잘못된 것이 아니라고, 이 순서에 이렇게 나를 호명하는 게 아니라고 너스레 떨면서도 당황해하던 장면이 생각났다. 그날이 꼭 그랬다. 약속한 일정을 되돌릴 수 없어서 긴장한 마음을 추스르며 디자이너를 마주했다. 탈의실에서 얇디얇은 최소한의 옷만 입고 치수를 재기 시작했다. 숨을 좀 참고 어깨도 일부러 더 힘주어 폈다. 그러니 몸이 점점 더 굳어지는 것 같았다. "편하게 계세요"라는 디자이너의 나긋나긋하고 다정한 말이 들릴락 말락 했다. 그러다가 어깨 치수에서 가장 불편한 허리 치수 재기로 줄자가 옮겨졌다. "이크! 나이가 드니까

배가 자꾸 나오네요" 하고 멋쩍게 웃어 버렸다.

생각해 보니까 항상 배에 힘을 주고 다닐 수도 없고 언제나 어깨를 쫙 편 상태로 로봇처럼 걸어 다닐 수도 없는 일이었다. 이왕 옷을 맞추러 온 김에 나한테 잘 맞아야지 다시 또 맞출 수 없겠다는 마음이 생기자 합리화가 시작됐다. 치수가 잘못 재어져서 옷이 맞지 않으면 이건 반품도 안 되고 그 옷에 내가 맞춰야 하는 꼴이 되니, 가짜 치수를 재도록 숨을 참고 몸을 경직된 채로 서 있는 것은 여간 어리석은 짓이 아니었다. 반 숨을 참고 있을 수 없어서 후- 하고 온 숨을 다 뱉었다. 그러자 그런 복잡한 내 심경을 읽었는지 치수 재는 것을 멈추고 줄자를 거둬들인 디자이너가 이렇게 얘기했다.

"괜찮아요. 저희가 다 알아서 잘 맞춰 드려요. 이 옷을 입고 움직이시는 데 불편함은 없는지, 어떤 직업을 갖고 계셔서 주로 어떤 신체 동작을 많이 하시는지까지 미리 염두에 두고 옷을 만든답니다. 그리고 그거 아세요? 허리가 짧은 편이어서 비율이 키에 비해 좋은 편이세요. 바지가 잘 어울리시겠어요. 저희가 예쁘게 맞춰 드릴 재킷, 잘 맞으실 거예요."

그때는 숨을 조금씩 내뱉느라 그 말이 잘 들리지 않았지만, 집에 돌아오며 운전하는 내내 기분이 좋았다. '그래 난 통짜 허리가 아니라 허리가 짧은 거야. 그래, 키에 비해 비율이 좋댔어.' 디자이

너가 한 말이 메아리처럼 들렸다. 옷을 찾으러 갈 때 꼭 커피 한 잔 사 가야겠다고 다짐했다. 맞춤옷보다 더 기분 좋은 맞춤 말을 들은 하루였다. 그야말로 안성맞춤이었다.

상대를 고려한 말은 온기가 된다

옷장 앞에서 내일 입을 옷을 고른다. 옷걸이에 걸린 옷들을 손으로 쓰다듬으며 추위 대비를 따져본다. 가장 따뜻할 것 같던 옷은 굵은 털실로 짜인 데 비해 굵은 실 사이로 바람이 숭숭 들어왔었지. 얇디얇아서 하나 더 입어야 하나 싶었던 옷이 의외로 촘촘한 짜임 덕분에 오래 따뜻했던 경험도 떠올랐다. 털실의 굵기와 보온성이 정비례하지 않는다. 맞다. 그랬다. 주고받은 많은 말들이 다른 털실 굵기처럼 다가왔다. 그때 그 디자이너의 말이 다시 생각났다. 손님이었던 내 기분을 좋게 만들려는 직업적인 의도(?)도 있다는 것을 잘 알고 있다. 한동안 옷장 문을 열 때마다 적지 않은 스트레스를 받았었는데 그 말을 들은 후 입을 게 없다는 핑계 같은 고민은 반으로 줄었다. 다시 태어날 수 없다면 그저 내가 가진 '그나마 강점(?)'을 극대화하기로 결심했다.

디자이너의 말은 화려한 미사여구가 아니어도 쪼그라들었던 내 기분을 살펴 헤아렸다. 잘못 꿰어진 한 땀을 뚝딱 수선한 것 같은 배려의 말은 이후 옷을 입는 즐거움을 안겨 주었다. 배려가 필요한 순간, 상대를 고려한 말은 때로 온기가 된다. 말하기도 수선이 필요하고 디자인이 필요하다. 어느 정도 배려를 하는 것이 좋을지, 말의 내용만큼 중요한 태도는 어떻게 갖춰야 하는지 준비하고 고민하는 것은 아깝지 않다. 아무리 좋은 옷이라도 어울리지 않는 사람에게는 옷이 가치를 잃는다. 반대로 비싸지 않아도 잘 다려 입은 깨끗한 옷은 단정해 보인다. 말도 마찬가지다. 화려한 어휘보다 웃을 수 있는 화사한 말을, 따지기보다 토닥이는 따뜻한 말을 하는 태도가 곧 배려의 말을 만든다.

어떤 대상 앞에도 붙어선 안 되는 'NO'
—

몇 해 전 한 카페에서 배려의 농도가 짙은 문구를 발견하고 반가웠다. '이곳은 케어 키즈존care kids zone입니다. 어린이들이 다치지 않도록 보호자가 안내해 주세요.'

인테리어 바닥이 돌로 되어 있어서 넘어지면 다치기 쉬운 공간이라 여기저기 매장 곳곳에 안내문이 붙어 있었다. 마침 '노키즈존NO kids zone'이란 표현이 얼마나 위험한지 《어린이라는 세계》 김소영 작가님 강연에서 듣고 공감했던 터라 안내문을 붙이기까지 고심한 사장님의 마음이 다시 보였다. 이 표현에는 어린이의 방문을 존중하되 반드시 어른의 보살핌도 필요하다는 의미가 내포되어 있다. 즉, 어린이를 향한 'NO'가 아닌 어린이와 함께 오는 어른을 향해 'care'를 외치고 있었다. 강연에서 김소영 작가님은 어떤 대상 앞에도 'NO'가 붙어서는 안 된다고 강조하셨다. 'NO KIDS'라는 표현이 아무렇지 않게 쓰이게 되면 'NO' 뒤에 다른 낱말도 올 수 있는 신호탄이 되니 주의가 필요하다고 언급하셨다. 'NO 실버'. 'NO 장애인', 'NO 여성' 등이 생기도록 내버려 둘 수 없다는 말씀에 크게 공감했었다.

국가인권위원회에서도 2017년에 '노키즈 식당은 아동 차별'이라고 판결했다.[1] '파스타, 스테이크 등 아동들이 선호하는 음식을 판매하는 A식당에서 13세 이하 아동의 이용을 일률적으로 제한하는 것은 나이를 이유로 한 합리적인 이유가 없는 차별 행위라고 판단하고, 사업주에게 향후 A식당의 이용 대상에서 13세 이하 아동을 배제하지 말 것을 권고했다. 상업 시설 운영자들은 최대한의 이익 창출을 목적으로 하고 이들에게는 헌법 제15조에 따라 영업의 자유가 보장되고 있으나, 이 같은 자유가 무제한으로 인정되는 것은 아니며, 특히 특정 집단을 특정한 공간 또는 서비스 이용에

---

1 인권위 "노키즈 식당은 아동 차별". https://www.humanrights.go.kr/site/program/board/basicboard/view?boardtypeid=24&boardid=7601837, 2017. 11. 24

1장 | 말을 조금만 바꿔도 관계가 달라진다

041

서 원천적으로 배제하는 경우 합당한 사유가 인정돼야 한다고 봤다.' 식당의 이용 가능성과 연령 기준 사이에 합리적 연관성이 존재하지 않는다고 판단한 것이다. 어린이에 대한 너그러움이 줄어들고, 공공장소에서 아동의 출입 제한 조치로 인해 '문젯거리' '문제아'라는 인식이 형성되는 것을 매우 우려했다.

언어 감수성이 낮은 말은 비단 연령만이 아니다. 외모를 비하하는 표현에 어릴 때부터 무방비로 노출되기도 한다. 이는 어린 시절 자아상은 물론 사회성 확립에도 적지 않은 영향을 미칠 수 있다. 동화책에서 외모 비하 단어를 삭제하기로 했다는 반가운 소식이 들렸다. 《찰리와 초콜렛 공장》으로 유명한 아동 작가 로알드 달Roald Dahl이 쓴 동화책 최신판본에서, 외모를 비하하는 단어인 'fat(뚱뚱한)', 'ugly(못생긴)', 'mad 또는 crazy(미친)' 등의 단어를 삭제했다. 출판사 퍼핀은 서문에서 "오늘날 모든 사람이 계속 즐길 수 있도록" 일부 텍스트를 수정했다고 밝혔다. 예를 들어 '못생긴'이라는 단어는 'ugly and beastly(못생기고 짐승 같은)'가 아니라 단순히 'beastly(짐승 같은)'로 수정했다. 새 판본은 책에 나오는 여성 묘사도 시대에 맞게 바로 잡았다. 《찰리와 초콜렛 공장》에서 'not ladylike(여성스럽지 않은)' 표현은 'undignified(품위가 없는)'로 바뀌었다. 문제를 예민하게 받아들이고 어휘를 세심하게 다듬은 좋은 예다.

국어사전에 '세심하다'와 '예민하다'는 비슷하지만 쓰임새가 조금 다르다.

① [세심하다] : 작은 일에도 꼼꼼하게 주의를 기울여 빈틈없다.
② [예민하다] : 무엇인가를 느끼는 능력이나 분석하고 판단하는 능력이 빠르고 뛰어나다는 뜻 외에 자극에 대한 반응이나 감각이 지나치게 날카롭다, 어떤 문제의 성격이 여러 사람의 관심을 불러일으킬 만큼 중대하고 그 처리에 많은 갈등이 있는 상태.

상대에게 직접 말로 표현할 때 예민한 성격이라는 표현은 첫 번째 뜻 외에 두 번째의 '날카롭다'는 뜻도 포함하고 있어서 받아들이는 사람에 따라 첫 번째 뜻을 배제하고 두 번째 뜻으로만 받아들이기 쉽다. 오해의 틈이 생길 수 있다. 반면 '세심하다'는 비슷한 맥락의 다른 단어로 대체하면 오해의 틈이 없다. 고려가 필요한 상황에서 배려의 말을 잘하려면 예민하게 문제를 인식하고 세심하고 섬세하게 다가가는 것이 좋겠다.

5

나의 가치를 높이는
관계의 말들

"

감정 표현을 위해 감탄사를 활용하라

—

AI 아나운서, AI 성우의 목소리를 어렵지 않게 들을 수 있는 시대다. 제주도청은 AI 아나운서를 도입해 도정 뉴스를 진행한다. 심야 시간 홈쇼핑 채널에서는 쇼핑호스트 등장 없이 상품설명을 AI 성우 음성으로만 전달하거나 AI 쇼핑호스트가 준비된 설명을 한다. 기계 음성을 가만히 들어 보면 아직까지 인간을 흉내 낼 수 없는 한 가지가 있었다. 바로 감탄사 활용이다. 사람이 말할 때는 감탄사가 자연스럽게 들어간다.

"와! 이번 시즌 제품은 놀라울 정도로 이전 제품에 비해 좋아졌어요." "○○○ 님, 어머! 반갑습니다. 자주 보는 휴대전화 뒷자리 번호네요. 오늘도 보고 계시네요." "크흐~ 이 안마의자의 편안함은 정말 앉아 보셔야 한다니까요. 어이쿠, 시원하네요. 이렇게 알아서 탁탁 주물러 주니까 앉아만 계시면 됩니다."

감탄사가 말맛을 더 살려 준다. 적절하게 사용하는 감탄사 활용 표현은 상품 설명을 더 매끄럽게 이어 가게 하고 짧은 시간이라도 몰입해서 화면을 들여다보게 만든다. 점차 기술이 더 발전해서 AI 성우나 AI 쇼핑 호스트도 감탄사를 맥락에 따라 알맞게 활용하게 될지도 모른다. 그러나 말하는 음색의 높낮이에 큰 변화나 변형이 없이 단조롭게 일정한 속도로 말하는 AI 음성으로 전달되는 감탄사는 감정 전달의 역할을 제대로 해내지 못한다. 오히려 문장 전체가 더 어색하게 들리지 않을까.

처음 방송사에서 리포터로 근무할 때는 AI 기술이 없던 시기였다. 그때 나는 감탄사 늪에 빠졌었다. 음식 맛을 표현하거나 계절의 푸르름을 설명하거나 기상 악화로 비상 상황을 전달하거나 월드컵 경기 직후 이긴 상황을 브리핑할 때도 감탄사 좀 잘 써 보라는 조언을 여러 번 들었었다. 그저 또박또박 말만 하니 현장의 살아 있는 느낌이 도무지 나질 않는다며 잔소리를 호되게 들었다. "우와!" "크흐!" "와아!" "어머나!" 감탄사만 따로 적어서 맛깔

나게 표현하는 것을 연습하기도 했다. 뉴스 앵커가 되고 싶어 간결하고 정갈하게 감정을 드러내지 않는 원고 연습을 더 많이 했던 탓일까. 좀처럼 감정을 섞는 말을 방송에서 표현하기가 어려웠다. 그래서 쉽지 않다는 것을 잘 알고 있다. 역할 연기를 잘하는 배우의 찰진 대사를 따라 해 보는 것도 도움이 된다. 언제나 한 음절 '헐!'로 모든 감탄사를 대신하고 있다면 조금 더 세밀하게 감정을 표현하는 방법도 배워 보자.

장면의 느낌과 상황을 잘 살리는 조연들이 감탄사 활용도 잘한다. "감.사.합.니.다."라고 말하는 것보다 "우와! 감사합니다!"라는 감탄사가 담긴 말에 감사의 진동이 크게 느껴진다. 감정을 표현하는 문장에서 감탄사는 고명이 아니라 꼭 들어가야 하는 필수 양념이다. 정갈하고 단정하게 전달해야 하는 상황이 아닌, 조금 더 내 말에 집중시키고 싶다면 감탄사를 활용하자. 단, 의미를 더 명확하게 하는 보조 수단이라는 점은 잊지 않아야 한다. 양념만으로는 음식이 될 수 없다. 재료를 어떤 양념으로 얼마나 사용해서 요리하는지에 따라 맛이 완전히 달라진다. 감탄사라는 양념이 문장에 너무 많이 들어가면 무슨 말을 하려는 것인지 맥락이 온전히 전달되기 어렵다. 필요한 만큼 적당한 때에 활용하면 잃어버린 입맛을 되찾는 음식처럼 상대의 귀를 열게 할 수 있다.

듣는 사람 관점에서 생각하라

"제가 받았던 최고의 칭찬은 군대에서 들었던 이야기입니다." 제법 큰 강당을 전체 대관해서 말하기 실습 코칭을 진행하던 때였다. 남학생 한 명이 순서에 맞춰 무대에 올랐다. 자기가 들었던 최고의 격려나 칭찬에 대해 3분 스피치를 하도록 했다. 그런데 이 학생은 칭찬받았던 상황을 설명하려다 보니 군대 이야기가 길어졌다. 발표가 끝나고 피드백을 하는 과정에서 청중을 향해 내가 조심스럽게 물었다. "혹시 여기 앉아 있는 여학생 중에 군필자 있습니까?" 학생들이 살포시 미소 지었다. 앉아 있는 청중은 발표하는 학생을 제외하고 모두 여학생이었기 때문이다. 남학생은 그제야 아차 싶은 표정을 지었다.

대한민국에서 군대 이야기, 군대에서 축구한 이야기, 군대에서 축구하고 포상 휴가 받은 이야기를 하기 전에는 듣는 이를 고려해서 잘 살피라고 하지 않던가. 청중이 남학생들로만 가득 차 있다고 해도 군필자가 아닌 사람도 있을 수 있기에 어느 정도 보완하는 설명이 이어져야 한다. 군 복무 경험이 지루하고 흔한 에피소드가 아니라 진짜 자랑스러운 경험으로 전해지도록 내용 조절이 필요한 것이다. 말하는 내용을 전하기에만 매몰되어서 청중을 몰입시킬 눈높이를 미처 고려하지 못하는 경우가 종종 있다. 일대일 대화라면 중간에 말을 끊고 질문도 할 수 있고, 다른 이야기로 화제를 돌리거나 오히려 관심 있게 더 자세하게 물어 볼 수도 있다. 일대일 대화에서는 비교적 말하기가 자유롭다. 그러나 여러 경험의 유무가 모두 섞여 있는 청중을 상대로 말할 때는 청중의 눈높이, 즉 이해할 수 있는 범위를 잘 고려해야 한다.

90년대 말에 대학교를 다녔고, 2002년 한일월드컵 이탈리아전에서 안정환 선수가 반지 세리머니 골을 넣었던 대전 월드컵 경기장에서 현장 응원 중계 리포팅을 했었다는 것을 요즘 청년들에게 아무리 설명해 봐야 2002년 이후에 태어난 청년들에게는 그 시기에 함께 거리에 나가 응원했던 사람들만큼 와닿지 않는다. 그래서 그 추억담은 내 또래나 그 이상의 나이를 대상으로 강의할 때만 종종 꺼낸다. 아쉬워도 말을 아껴야 한다. 듣는 사람이 이해하지 못하거나 공감하기 어려운 예를 드는 것은 혼자 떠드는 것과 다를 게 없다. 적어도 여러 사람 앞에서 마이크를 잡고 말해야 한다면 어떤 행사인지, 청중들은 어떤 목적을 가지고 이 자리에 와 있는지 헤아려야 한다. 연설, 강의, 강연, 주례사, 축사, 환영사, 추도사, 공개 발표, 성과 공유회 등 준비한 내용을 배정받은 시간만큼 혼자 말해야 한다면 반드시 청중을 살펴서 이해의 폭에 맞춰 내용을 조절하자. 요리사가 아무리 좋은 재료로 음식을 만들어 주어도 입맛에 맞지 않으면 손님은 먹지 않는 것처럼 말도 마찬가지다. 청중이 이해하고 알아듣는 범위에서 말해야 준비한 말의 의도와 의미가 고스란히 전달될 수 있다.

의미가 명확한 명사로 수비하자

병원에서 근무하며 전체 진료과 의료진의 말을 다듬는 일을 했었다. 각 진료실에 캠코더를 설치하고 의사와 환자의 말을 녹화했다. 개인정보보호법이 마련되기 전이라 가능했다. 물론 녹화된 영상은 병원 내에서 의사와 환자의 의료커뮤니케이션을 좀 더 원활하게 하기 위한 교육 설계의 연구 자료로만 사용했다. 그때 내가 맡은 미션은 "의료진의 말을 개선시켜라"였다. 전문적인 용어만 잔뜩 사용해서 환자들을 주눅 들게 하지 않는지, 말이 빨라서 환자나 보호자가 알아듣기 힘들지 않은지, 의료진마다 말하기 고민이 있다면 최대한 해결할 방법을 제시하라는 원대하고 어렵고 다소 벅찬 프로젝트였다. 그때는 AI도 없던 시절이라 일일이 대화록을 녹취해서 받아 적고 분석했다. 그 노력 덕분에 짧은 시간에 의료커뮤니케이션을 정말 제대로 공부하고 연구할 수 있는 시기이기도 했다. 그런 경험 덕분에 종종 병원이나 의원에서 교육을 의뢰해 온다.

대학병원에서 근무하다 처음 개원한 의사가 개인 코칭은 물론 환자들을 대하는 간호사와 행정직원까지 통일된 커뮤니케이션 교육이 필요하다고 연락을 해 왔다. 교육 전에 사전 조사를 통해 어떤 점이 어려운지, 주로 어떤 환자가 어떤 질환으로 많이 찾는지 조사했다. 예상했던 대로 가장 젊은층 간호 인력이 고충을 토로했다. 전신 마취 수술을 해야 하거나 반신 마취 수술을 해야 하는 진료과라 수술일에 환자에게 수술복을 갈아입도록 안내하는 절차에서 그만 울음이 터졌다고 고백했다.

간호사 : ○○○ 님, 지금 입고 계신 옷 벗으시고요. 수술복으로 갈아입으실 거예요. 옷은 여기 벗어 두지 마시고, 이쪽 사물함에 넣어 주세요. 사물함 열쇠는 환자복 주머니에 넣어 두시면 됩니다.

환자 : 옷을 벗으라고?

간호사 : 네, 수술하셔야 하니까 옷을 벗으셔야 해요.

환자 : 아니 아무리 간호사라도 그렇지 내 옷을 벗으라 마라야.

간호사 : 네…? 옷을 벗고 수술복으로 갈아입으셔야 마취도 하고 수술도 받으실 수 있어요.

환자 : 아니, 아가씨가 옷을 자꾸 벗으라고 하네?

간호사 : 안내해 드린 대로 갈아입어 주세요. 잠시 나가서 기다리겠습니다.

이렇게 말하고는 간호사는 얼굴이 벌겋게 된 채 울면서 밖으로 뛰쳐나왔다고 한다. 밀폐된 탈의실이었고, 여느 때처럼 똑같이 안내했는데 나이 지긋한 할아버지 환자께서 선을 넘는 발언을 했던 것이다. 들은 바로는 성희롱으로 느낄 만큼 불쾌한 수위로 이야기를 하셨다는데 차마 지면으로 옮길 수 없어서 대략의 상황만 전달이 가능하도록 옮겼다.

간호사가 아니었더라도 여성이라면 대부분 이 말에 당혹스럽거나 딴지를 거는 할아버지를 어떻게 대해야 할지 난감했을 것이다. 컨설팅 때 만난 간호사는 그때 일을 떠올리는 것조차 힘들어 보였고, 성희롱이 명백하다며 업무 분장을 바꿔 달라고 간곡하게 요청했다고 한다. 이 내용 역시 다른 분께 전해 들은 이야기다. 그 할아버지 환자는 수술 후 예후도 좋아서 다시 내원하지 않으셨지만, 수술 전문 병원이고 일주일에 몇 번씩 이런 일이 발생하는 환경에 놓여 있었다. 당시 말이 오갔던 환경에 있지 않았기에 시시비비를 가리긴 어려워도 같은 여성 입장에서 내가 그런 말을 들었더라도 충분히 당황했을 것이다.

일을 힘들어하는 상황에 처한 간호사를 위해 두 가지 방법을 제안해 드렸다. 첫 번째는 간단한 안내를 짧은 영상으로 만들어서 환자가 방문하기 전에 미리 보고 올 수 있도록 안내하는 것으로 대면을 줄이는 방식이다. 두 번째는 단어를 바꿔 안내하는 것으로 조언했다. 백 번 천 번 할아버지 환자 입장에서 이해하려 해도 할아버지의 태도는 무례했다. 군이 하지 않아도 될 말로 고집을 피웠고, 안내에 방해가 되도록 말꼬리를 잡았다. 거기서 착안했다. 성희롱이 있을 만한 단어를 바꿔 보면 어떨까.

"제가 생각하기에 할아버님께서는 '벗는다'라는 단어에 꽂히신 것 같아요. 저희가 생각하는 갈아입는다는 뜻으로만 이해하시면 좋은데 나쁜 생각을 하셨네요. 그 나쁜 생각거리로 번져 나가지 않도록 단어를 바꿔 설명해 보는 방법은 어떨까요?"

나는 이어서 '환복하다'라는 한자어 표현을 제안했다. 풀어쓸 수 있는 한자어는 우리말로 풀어쓰거나 고쳐 쓰는 것이 바람직하다. 다만, 이런 특수한 상황이라면 역으로 활용하는 방법도 괜찮겠다고 생각했다. 병원에서는 이 내용을 긍정적으로 받아들였다. 작은 규모의 병원 특성상 간단한 동영상을 바로 제작하기에는 시간이 필요했고, 내일부터 당장 적용할 수 있는 '단어 바꾸기'를 활용했다.

2주쯤 지나서 적용해 본 결과가 어떤지 물었다. 성인을 대상으로 한 수술이기에 '환복하다'라는 단어를 모르는 사람은 없었고, 다행히도 '벗는다'는 동사보다 '환복'이라는 명사의 의미 전달이 더 잘 됐다고도 했다. 더불어 짓궂거나 무례하거나 선 넘는 말을 하는 사람이 없어지자 병원 내 환자 설명 매뉴얼로 계속 활용한다고 했다. 그때 그 간호사가 혼자 마음에 담아 두지 않고 용기 내어 상황을 공유해 주어서 참 고마웠다.

말은 때로 뜻하지 않게 화살이 되어 꽂힐 때가 있다. 운전도 방어 운전을 잘하는 사람이 진짜 운전을 잘하는 반열에 드는 것처럼 말도 방어가 때로 필요하다. 친절하고 정확하게 동사로 설명해야 할 때가 더 많지만, 때로 짧은 음절로 정리하는 명사가 동사보다 힘이 셀 때가 있다. 적절하게 방어하는 명사로 선 넘는 동사를 이기는 것은 지혜로운 말하기 기술이다. 공격을 잘해야 하는 때가 있지만, 수비를 잘하는 것이 전술상 유리할 때가 있다. 선 넘는 동사들이 공격해 올 때면 의미가 명확한 명사로 수비하자.

상대의 태도를 180도 바꾸는 한 문장

"질문해 주셔서 감사합니다."

날카로운 질문에 아무 말도 할 수 없던 스타트업 대표를 구출해 낸 말이다.

"부연 설명할 수 있는 기회를 주셔서 감사합니다."

입찰 프레젠테이션에서 질문을 최대한 안 받았으면 좋겠다고 말하던 기업 대표가 자신감을 얻게 된 말이다.

"제가 많이 긴장했습니다. 짧게 심호흡 한 번 하고 이어 가겠습니다."

최종 면접에서 예기치 못한 압박 질문을 견뎌 내기 위해 취업 준비생, 아니 예비 합격생이 입버릇처럼 연습하던 문장이다.

어떻게 말해야 할지 모르겠다, 돌발 질문에 어떻게 대처해야 할지 막막하다는 사람들에게 제안하는 방법이다. 현재 상황을 바꿀 수 없다면 있는 그대로 고백을 한 후, 다음으로 내가 어떻게 하겠다는 해결책을 말하는 것은 때로 답답하고 떨리고 어려운 상황을 반전시킨다. 긴장한 상황에서 어떻게 저 말이 나오겠냐고 묻는 분이 있다면 딱 하루만 생각날 때마다 입 밖으로 소리 내어 말해 보라고 권하고 싶다. 놀랍게도 덜덜 떨면서도 저 문장만 외워 갔던 분들이 자판기에서 음료 캔 나오듯이 입으로 말이 술술 나왔다고 고마움을 전해 줬다. 어찌할 바를 몰라 멍하니 서 있지 않기 위해 스스로 정신 차리게 만드는 말이면서 질문한 사람에게 조금 기다려 주면 천천히 말하겠다는 신호이기도 하다. 아무런 말도 못할 것 같았는데 외운 한 문장을 말하고 있는 자신의 목소리가 들리면 어느 정도 안정을 찾아가기 때문이다. 그야말로 마법 같은 문장이다.

내가 오래전 방송사 시험을 칠 때도 그랬었고, 이후로 떨리는 상황을 힘들어하는 사람들에게 전수해 줬다. 가장 떨리는 순간 아무 생각도 나지 않지만, 연습하고 간 이 문장은 생각나더란다. 시험을 볼 때 모르면 1, 2, 3, 4번 중에서 3번이라도 찍어야지 하는 마음이다. 그냥 '갑툭튀'할 수 있도록 이 말만 연습하고 가더라도 좋다.

실수 없이 발표를 잘하면 좋지만, 모든 환경과 여건이 내 맘대로 되지 않는다. 누구나 긴장할 수 있다, 당연하다. 누구나 실수할 수 있다. 역시 당연하다. 실수한 순간을 어떻게 '장면 전환'할 수 있는지는 오직 말하는 사람에게 달렸다. 드라마나 영화에서 어떤 대사 한마디로 상황을 바꿀 수 있는 장면들을 종종 본다. 대사를 얼버무리거나 하지 않으면 NG다. NG의 뜻은 'NOT GOOD'으로 다시 하면 된다. 우리의 다음 장면을 위해 NG가 났을 때, "다시 하겠습니다"라고 말할 수 있는 용기면 충분하다. 상대의 태도는 반드시 바뀐다.

상대의 태도를 180도 바꾸고 싶다면 그 전제는 상대의 태도가 불편했거나 오해가 있거나 다소 부정적인 태도였을 것이다. 한 번에 바꾸는 방법이 있다면 정말 좋겠지만, 정확하게 말하면 바꿀 수 있는 틈을 만드는 말하기로 하면 가능하다. 일로 만난 사이, 거리가 있고 어색하고 갑갑한 공기가 흐르는 사이였다면 '나만의 3번 문장' 한마디로 숨 쉴 틈이 생긴다.

기업 임원을 개인 코칭해야 하는 날이었다. 한 시간 동안 스피치 진단과 분석이 예정되어 있었다. 일찍 도착해서 한참 기다렸고, 약속한 시간이 지나가고 있었는데도 임원은 장소에 나타나지 않았다. 회의가 길어져 늦어졌다고 했다. 40분도 채 남지 않은 시간 내에 스피치 코칭을 해야 하는 상황이 됐다. 시간을 탓할 수는 없고, 최대한 그분의 말하기 고민과 바꿔야 할 부분들을 하나만 짚어 반복 훈련을 할 수밖에 없었다. 중요한 프레젠테이션을 직접 해야 하는 막중한 임무를 띤 분이라 이미 스트레스를 많이 받던 상황이었다. 잘하는 사람을 더 잘하게 가르치는 것이 참 어렵다. 실력 향상이 눈에 띄게 금방 보이지 않기 때문이다. 코칭을 마치고 나오면서 나는 이렇게 말씀드렸다.

"오늘도 대표님께 제가 더 많이 배웁니다. 바쁘신 중에도 약속 취소하지 않으시고 열심히 참여해 주셔서 감사합니다. 좋은 결과 있으실 거라 믿습니다."

그때까지 잔뜩 어깨에 힘이 들어가 있고 긴장해 있던 분의 미간이 풀렸다.

"그렇게 말씀해 주시니 제가 더 고맙습니다. 짧은 시간이지만 궁금했던 것을 알게 되었습니다. 이제 내일 입찰 발표 때 저만 잘하면 되겠습니다."

연세 지긋하신 분의 말씀이었다. 내가 뭘 가르쳐 드린다고 크게 바뀌겠냐 싶어 최대한 정중하게 고민을 들어 드리고, 따로 시간

내기 어려운 분이라 코칭 시간 내에 짧게라도 연습하실 수 있도록 배려해 드린 것뿐이었다. 이전에 다른 기업의 임원분은 종종 약속을 취소하고도 너무 당연하게 생각했던 경우를 한두 번 겪어서였는지 이분은 약속을 지키신 것만으로도 고맙기까지 한 상황이었다. 나중에 비서진을 통해 들은 이야기는 선생님이 잘 가르쳐 놓고, 거꾸로 많이 배웠다고 말해 주니까 그 점에서 미안하고 감동했다고 전해 들었다.

중요한 일을 앞둔 사람은 좋은 기분과 컨디션이 유지되는 것이 중요하다. 부정적이거나 불편한 상황을 바꿀 수 있는 한마디가 필요하다. 이후 얼마 지나 그 기업에서 큰 액수의 사업을 따냈다고 직접 연락을 해 왔다. 입찰에서 따낸 규모는 100억! 코칭할 때조차 대외비라서 사업 규모 금액은 다 끝나고 나서야 알게 되었는데 그 정도 큰 금액이니 신경이 다 곤두섰겠다는 생각이 뒤늦게 들었다.

상황마다 말하는 사람 입장이 아닌 듣는 사람 입장에서 오롯이 상대의 시점에서 할 수 있는 말을 한 문장만 미리 생각하자. 일이 힘들어 점심시간에 만난 동료가 "요즘 일이 진짜 많아서 너무 피곤해"라고 할 때, "우리 부서는 그쪽보다 일이 훨씬 더 많아"라고 매정하게 화제를 돌리지 말고, "일이 많아서 피곤하니까 오늘 점심 두 배 더 맛있게 드세요"라고 해 주자. 굳이 나서서 도울 일이 없냐고까지 말하지 않아도 된다. 부정적인 감정에서 잠깐 빠져나올 수 있도록 도와주면 된다.

네 문장으로 지지하는 피드백

한 예능 프로그램에서 개그맨의 아내 사랑이 화제가 됐다. 다소 늦은 나이에 결혼해 이제야 알콩달콩 신혼 재미를 느끼고 있다고 했다. 골프를 막 배우기 시작한 아내 강수지 님을 대하는 개그맨 김국진 님의 이야기다. 골프 연습장에서 비거리가 짧은 아내를 보고 "괜찮아"라고 다독이고, 실수를 연발하면 "천재가 실수를 다 하네" 하고 유머로 응원한다. 무심하게 툭 던지는 말이지만 아내는 그 응원에 힘입어 짧은 시간 안에 멋진 스윙을 보여 주며 일취월장했다. 이 일화 속에는 업무나 협업 관계에도 적용할 수 있는 피드백의 원칙이 숨어 있다.

우선 '피드백feedback'의 정확한 정의부터 살펴보자. 경영학을 창시한 피터 드러커는 '피드백'이란 '경험을 통해 얻은 지식으로 개선된 행동을 하도록 만드는 사고방식 또는 대화의 기술'이라고 풀이했다. 피드백도 수용할 수 있도록 만드는 단계가 필요하다. 개선할 점을 전달하기 전에 현재 잘하고 있는 점을 먼저 말해 주면, 피드백을 하는 사람에 대한 신뢰가 깊어져 다음 단계의 조언을 잘 받아들일 수 있다.

피드백은 내용에 따라 크게 네 가지로 나눌 수 있다. 지지하는 피드백, 조언하는 피드백, 그리고 무시하는 피드백과 학대하는 피드백으로 나뉜다. 말하는 사람은 무시나 학대가 아니라고 생각하며 말하지만, 상대방은 무시와 학대로 느낄 수도 있다. 일상 업무에서 '지지하는 피드백 기술'만 활용해도 함께 일하는 주변 사람들이 당신을 대하는 태도가 달라질 것이다. 지지한다는 말 뜻 그대로 결과나 과정 진행에 대한 태도나 행동했던 대로 유지하도록 돕는 내용을 말에 담아야 한다. 행동의 변화나 수정을 이끌어 내기 위한 '조언하는 피드백'과는 차이가 있다. 네 문장이면 지지하는 피드백도 잘할 수 있다. 지지하는 피드백에 들어가야 하는 내용은 '행동, 결과, 느낌, 감사'를 담은 문장으로 연결한다.

"저희 팀 일인데 일부러 시간 내서 도와주신 점 알고 있습니다." (상대의 행동)

"견적서에 꼼꼼하고 자세하게 품목을 쓰셨더라고요." (일의 결과)

"비용이 한눈에 보이니까 지출 승인을 받기 쉬웠습니다." (자신의 느낌)

"복잡할 뻔했는데 시간도 절약되고 덕분에 일 진행이 빨라져서 고맙습니다." (감사)

바쁜 업무 중에 일일이 지지하는 피드백을 다 말하기는 어려울 수도 있다. 하지만 시간적인 여유만 있다면 꼭 해 보라고 권하고 싶다. 반대로 이렇게 말을 해 주는 사람이 있다면 기분이 얼마나 좋을지 생각해 봐도 좋겠다. 단순히 "고맙습니다", "수고하셨습니다"라는 상투적인 말보다 더 와닿을 것이다. 시간 여유가 없어 네 문장 형식을 다 활용하지 않아도 좋다. "감사합니다"라는 인사 앞에 감사하는 이유만 넣어도 감사의 의미가 더 명확하게 전달된다. 이렇게 지지하는 피드백이 협업을 한결 수월하게 만든다.

말은 하는 사람을 그대로 보여 준다. 그 사람의 생각과 가치
관이 말로 드러난다. 애써 과장되게 색칠한 말은 처음에는
빛나는 것 같아도 퇴색되고 밑그림만 남는다. 밑그림으로
그린 생각이 말로 잘 드러나도록 살피고 연습해야 한다.

2장
___

갈등을 피하고
품격 있게
말하는 기술

1

정중한 말투가
품격을 더한다

"

"이건 그냥 수다 같은 조언인데, 나는 그렇지 않은데 다른 선생님들은 오해할 수도 있으니까 하는 말이야. 앞으로 모든 말에 '-요'나 '-습니다'를 붙여서 말해 봐. 알겠지?"

tvN 드라마 〈슬기로운 의사생활(시즌 2, 11화)〉에서 산부인과 레지던트가 후배에게 건네는 말이다. 이 후배는 목소리도 작은 편이라 평소에 묻는 말에 대답하더라도 중얼거리는 것처럼 들려서 더 크게 말해 보라는 말을 종종 듣는다. 이런 후배가 안타까워 건네는 선배의 말을 들으면서도 물끄러미 바라보며 그저 끄덕끄덕하는 후배 의사는 다시 아차 싶어 한다. 습관으로 굳어진 소통 방법은 쉽게 바뀌지 않지만, 인지하는 순간 바꾸려는 노력이 더해지면 고칠 수 있다.

오래 알고 지내는 사이라면 대답 없이 끄덕거리기만 해도 그 사람의 소통 방식이려니 생각할 것이다. 대화하기 싫다거나 의지가 없다는 마음으로 오해하지 않는다. 대답이 필요하지 않은 상황도 있지만 말해야 알 수 있는 경우가 더 많다. 늘 다정하게 조언해 주는 '추민하 선생(안윤진 배우)'이나 어려운 내용도 쉽고 차근차근 설명해 주는 '채송화 선생(전미도 배우)'이 따라다니지 않는다. 드라마 대사처럼 서술어를 분명하게 입 밖으로 소리 내어 말하는 것은 중요하다. 그래야 상대의 말을 듣고 자신이 알고 있는 사실이나 의견, 생각을 말할 의지가 느껴지는 인상을 줄 수 있다. 사회생활의 경험이 적거나 말수가 적은 편일 수 있다. 그럴수록 말하기보다 듣는 편인 상황에 자주 놓인다. 그래서 상대적으로 말의 양이 적다 보니 조직 내에서 연차가 낮을수록 한두 마디 말한 내용이 그 사람에게는 그날 내뱉은 말의 전부일 때도 있다. 그 말은 오롯이 그 사람의 이미지로 직결되어 남는다.

말끝을 흐리지 않고 서술어를 반드시 붙여 쓰는 것만으로 사회적인 정중함의 예를 다 갖출 수 있을까? 어디까지 얼마나 정중해야 할까. 서술어를 다 잘라서 말한다고 낮추는 말로 느껴지는 것은 아니다. 말의 내용과 전하는 말투와 목소리, 말의 속도까지 모든 것이 복합적으로 엮여 하나의 의미로 받아들이게 된다. 사회 경험이 다소 적은 청년기의 몇몇만 그럴까? 겪어 보니 하는 일이나 직급과 상관없이 정중한 말하기도 반드시 배워야 하는 것이었다.

듣는 사람을 고려하면 말에 정중함이 담긴다

—

서술어를 다 잘라서 말하는 습관을 지닌 분을 코칭 대상자로 만났다. 그분은 약간 거친 음색이었고, 전날까지 회사에 일이 생겨 몹시 피로가 쌓여 있는 상태라고 말했다. 들어서는 순간부터 안내하는 이들에게 "여기?"(여기로 들어가면 되냐고 묻는) "어디 앉으면 되나? 저쪽… 인가?" 서술어에 시간차를 두고, 혼잣말인지 아닌지 구분이 어려운 말을 매우 큰 목소리로 말했다. (혼잣말을 크게 하는 사람은 없으니….) 큰 목소리는 잘 들리는 장점이 있지만, 때로는 말하는 사람의 감정이 고스란히 전해지는 단점이기도 하다.

외부 강의장에서 진행했던 터라 안내하는 직원들은 자신과 같은 기업 소속도 아니었다. 갑자기 하대하는 말투에 안내하던 직원들의 불편한 기색이 느껴졌다. 종종 영상에서 정치인이나 유명인 중에서 비슷한 모습을 볼 수 있다. 주어나 존칭 없는 말을 혼잣말처럼 하다가 화면에 그대로 비쳐서 속내가 그대로 드러나기도 하고 때로 의도와 달리 말투 때문에 오해를 받기도 한다. 이분도 그런 일이 꽤 많았겠다는 합리적 의심이 들었다.

그날, 나는 말하기 코칭을 진행하는 동안 '서술어를 끝까지 말씀하시는 것이 좋겠습니다'라는 말을 하지 않았다. 우선적으로 반드시 고쳐야 할 말 습관이었는데도 목구멍까지 올라오는 그 말을 삼켰다. 내게 주어진 시간은 서너 시간 남짓. 그 시간 안에 그런 말 습관으로 살아온 이를 단번에 바꾸기는 수능 차별화 문항보다 어렵다. 그저, 이분이 적어도 이 자리에까지 치열하게 올라온 직급이라면 듣는 귀는 있으리라 생각했고, 그대로 밀어붙였다. 대신 이 부분은 이렇게, 저 부분은 저렇게 식으로 최대한 천천히, 구체적으로, 말끝을 분명하게 하는 모습을 보여 드렸다. 첫 번째 쉬는 시간이 지나고 들어오시면서 그분이 이렇게 말씀해 주셨다.

"제가 강사님으로 불러드려야 할지, 선생님으로 불러드려야 할지 모르겠는데 선생님으로 불러드리고 싶네요. 저는 제가 평소에 말이 이렇게 두서없는지 몰랐어요. 워낙 일이 많다 보니 생각이 많고, 생각이 많으니, 말이 늘 엉킨다고 생각했는데 오늘 제가 저를 잘 알 수 있는 시간인 것 같습니다. 남은 시간은 조금 천천히 말해 볼게요. 잘 부탁드립니다"

처음에 들어올 때와 다른 사람처럼 말하는 모습이 놀라웠다. 나는 속으로 만세를 불렀다. 어차피 이 자리까지 오신 분이라면, 말하기 코칭을 배우는 것을 알고 오셨을 터이고, 당연히 이런저런 지적을 많이 받을 것을 예측하고 오셨을 것이다. 그런 분이라 예상하니, 이분과 어떤 대화를 해야 할지, 어떻게 말의 변화를 끌어낼지 학습 목표가 단순해졌다. 당시 그분은 직장에서 벌어진 사건의 중심에 있었고, 그에 대한 소명 자료를 제때 제출하지 못해 질타를 받고 있는 상황이었다. 그러나 기업이나 직급을 보지 않고, 그저 교육생으로만 보기로 했다. 그분의 듣는 귀를 기대하며, 나 역시 그분에게 귀를 많이 열었다. 일하면서 힘든 일들도 털어놓으시라 했고 충분히 귀 기울여 들었다. 많은 사람이 집중하는 말을 해야 하는 자리라면 특히 서술어에 더 신경을 쓰시라고 그제야 조언했다. 특히 마침표가 너무 한참 만에 나오는 문장은 주어와 서술어를 빨리 만나게 하라고 알려 드렸다.

쉼표로 계속 이어진 말은 듣는 사람을 배려하지 않은 말이다. "무엇을 하고 무엇을 해서 무엇을 할 예정이나 이러이러해서 그 무엇을 다시 하려고 하는데"로 서술어가 제때 나오지 않는 말은 구구절절 변명처럼 들린다. 말끝을 흐리면 내용을 빙빙 돌려 말하거나 뭔가 감추는 듯 오해할 여지를 주는 것이다. 예를 들어 "검토하겠습니다"와 "검토하는 중입니다"는 완전히 다른 의미다. 서술어만으로도 말하는 사람의 의지가 다르게 느껴진다. 서술어를 명확하게 쓰고 말하면 의미가 잘 들린다. 의미가 잘 들리는 말이 곧 정중한 말이다. 정중한 말투를 '-다' '-까'체로만 알고 있거나 극존칭 사용으로만 알고 있다면 정중한 말투의 범위를 확대해 보

자. 말에 담는 정중함은 듣는 사람을 고려하는 말이다. 내용을 풀어서 알아듣기 쉽게 천천히 말하는 것만으로도 정중함이 담긴다. 어려운 말을 섞는다고 품위가 높아지지 않는다. 쉬운 말에 힘이 실려야 정중한 말이 된다. 품위는 돈으로 살 수 없지만 노력하면 갖출 수 있다. 말투의 어감을 잘 다루면 호감이 된다. 정중한 말투를 사용해서 상대를 높이자. 그 말을 들은 상대도 당신을 높여 줄 것이다.

2

경청을 잘하면
말의 우선순위가 정해진다

"

살다 보면 이럴 때 어떻게 말해야 할지 모르겠다거나 그럴 때 무
슨 말을 해야 할지 모르겠다는 순간이 찾아온다. 유창하게 말하는
사람도 상황에 따라 당황할 수 있고, 상대와 호흡이 맞지 않아 대
화의 흐름이 끊길 수도 있다. 해야 할 말의 우선순위가 없으면 말
하기 구성도 흔들린다. 한참 말을 하다가 '내가 이 말을 왜 하고 있
지?' 하는 생각이 들면 정작 해야 할 말 앞에 설명하는 말이 길어
져서 그렇다. '뭘 말하려다 여기까지 말했지?'라는 생각이 들면 꼭
말해야 하는 핵심 메시지가 없어서 그렇다. 아침에 일어나서부터
잠이 들기 전까지 모든 말을 매끄럽게 잘하면 좋겠지만 다 그렇게
할 수는 없다. 순간순간 긴장하며 모든 상황에서 완벽하게 말하기

도 어렵다. 핵심을 놓치지 않으면서 필요한 말만 잘할 방법은 없을까.

말의 우선순위 세 가지

대통령의 말과 글을 담당했고, 지금도 많은 사람에게 강연으로 영감을 주는 강원국 작가님은 《강원국의 결국은 말입니다》라는 책의 첫 장부터 말이 아니라 다른 것을 강조하셨다. 바로 말하기 재주보다 듣기가 더 중요하다고 언급하셨다. '말을 잘하는 사람에게는 귀를 열지만, 말을 잘 들어 주는 사람에게는 마음을 연다'라고 하셨다. 잘 듣지 않으면 무슨 말을 해야 할지 어떤 순서로 말해야 할지 구성이 잡히지 않는다. 다른 사람의 말을 들어야 무슨 말을 어떻게 해야 할지 우선순위가 생기는 것이다.

말할 때 세 가지를 염두에 둬야 한다. 말해야 하는 중요성과 말하는 시점, 들을 사람이 함께 고려돼야 한다. 대부분 말 내용의 중요성만 우선 순위에 두고 대화 맥락을 듣지 않고 자기 말만 하는 경우에 실수가 생기기 쉽다. '소통이 안 된다'거나 '그 사람은 도무지 불통'이라는 말이 나오는 이유도 내용만 신경 쓸 뿐, 그 말을 하는 시점과 듣는 사람을 고려하지 않아서 그렇다. 이 말을 지금 반드시 해야 하는지, 조금 후에 해도 되는지, 내일 해야 하는지 판단

해야 한다. 공부하려고 책상에 딱 앉은 자녀에게 "공부 해야지?"라고 말하면 열심히 하려다가도 잔소리처럼 들려서 공부하기 싫은 표정을 보이지 않는가. 업무와 관련해 지금 당장 처리해야 하는 일이라면 회의 도중이라도 긴급사항으로 발언 기회를 얻어 말할 수 있다. 그러나 회의 안건과 관련이 적은 내용이라면 회의가 끝난 이후에 발언해도 된다. 회의가 샛길로 새는 것을 방지할 수 있다. 말을 할 때 시점이 반드시 고려돼야 하는 이유다.

큰 프로젝트의 입찰에서 좋은 점수로 수주한 기업 대표를 코칭했던 적이 있다. 평소에 SNS를 활발하게 하는 취미를 갖고 있는 분이라 이번에도 자랑삼아 올리시겠거니 했는데 내 예상이 빗나갔다. 얼마 지나 두 번째 코칭 때, 좋은 일을 왜 알리지 않았는지 물었다. 답변은 감동이었다. 함께 입찰에 들어간 경쟁사도 자신의 SNS를 팔로우하고 있다고 했다. 상대 기업 입장에서는 자신이 올리는 글이 상처가 될 수 있다며 이번만큼은 글을 올리지 않았다고 했다. 워낙 호탕하신 분이었고, 업무 성과나 회사의 성장을 자주 자랑삼아 이야기하셨던 분인데, 호탕함 뒤에 세심한 배려심이 자리 잡고 있었다. 그래서 이 기업에 한번 들어가면 말뚝 박는다는 말이 나왔구나 싶은 순간이었다. 말해야 할 때와 하지 않아야 할 때를 정확하게 알고 있는 분이었다.

그런가 하면 반대의 경우도 있었다. 기업 창립 기념식에 초대받아 참석한 날이었다. 아는 사람도 있었지만 건너 아는 사람도 있고 처음 보는 사람도 있었다. 대표의 소개와 함께 모두에게 한 번씩 마이크 잡을 기회가 주어졌다. 새로운 도전을 축하하고 함께 기뻐하는 말을 나누거나 가볍게 건배 제의를 하며 분위기를 북돋웠다. 그런데 시간이 점차 지나면서 마이크가 순서대로 돌아가던 중 민망한 상황이 생겼다. 귀를 의심하게 만드는 사람의 말 때문이었다. "초대한 대표가 자신과 같은 나이인데 자신은 그동안 무엇을 했는지 모르겠다"라며 신세 한탄을 하기 시작했고, 급기야 목소리가 떨리더니 마지막은 질투로 말을 끝냈다. 감정에 북받친 말투 때문에 유머로 가볍게 받아들이기도 어려운 상황이었다. 듣고 있던 한 사람이 나서서 "자, 우리도 여기 대표님처럼 열심히 삽시다"하고 외치며 박수를 유도한 끝에야 마이크를 넘기고 자리에 앉았다.

솔직해도 너무 솔직했다. 축하 자리에서 공개적으로 질투를 드러내다니 놀라울 정도로 솔직한 사람이었다. 축하하는 말 없이 질투만 남겨 그의 발언은 애매해져 버렸다. 100여 명에 가까운 사람들이 함께 기뻐하고 축하하는 자리의 의미를 그는 제대로 짚어내지 못했다. 미리 말할 내용을 준비하지 못했다고 하더라도 한마디씩 하는 말을 약간 변형해서 따라 하기만 했더라도 중간은 갔을 일이다. 초대에 대한 감사, 기쁜 마음과 축하 인사, 앞으로 멋진 성

과 기대한다는 말 정도였다면 충분했을 텐데 그야말로 '아무말 대
잔치'를 하고 홀연히 떠났으니 앞으로 그런 자리에서 다시 보기는
어려울 것 같다.

　말할 내용과 그 말을 해야 하는 시점, 그리고 들을 사람들을 우
선순위에 두면 무슨 말을 언제, 어떻게, 누구에게 해야 할지 해답
을 찾을 수 있다. 말의 우선순위 세 가지를 꼭 기억하자.

3
호칭만 잘 써도
호감이 생긴다

99

"이모!" "크니모오!" 나를 부르는 말 중 가장 좋아하는 호칭이다.
이제 막 세 살이 된 꼬맹이 첫 조카가 처음으로 이모라고 불러주
었을 때, 머릿속에 팡파르가 울리고, 눈앞에 마치 불꽃놀이가 펼쳐
지는 것 같았다. 이모라고 부르기만 해도 눈물이 핑 돌았다가 씨
익 웃음이 났다가 며칠 동안 그랬었는데 직접 낳고 키우는 부모는
오죽하랴 싶었다. 그렇게 온 우주를 통틀어 가장 설레게 하는 조
카가 조금 더 큰 어느 날 이렇게 물었다.

"이모는 아빠를 왜 '제부'라고 불러요? 우리 아빠 이름이 있는
데…."

궁금해하면서도 몹시 서운하기도 한 감정이 교차하는 표정이었

다. 동생네 부부와 식사를 하던 중 불쑥 묻는 조카의 질문에 우리는 크게 웃었다.

"지윤이 엄마는 이모부를 '형부'라고 부르지? 지윤이는 이모를 '이모'라고 부르고. 사람 사이에는 이름 대신 서로 부르는 말이 하나씩 또 있어."

내 말을 듣더니 고개를 살짝 갸웃하다가 "어? 이상하네. 엄마는 아빠를 '자기야'라고 했다가 '여보'라고 했다가 이름을 부르기도 하는데요?" 하고 귓속말했다. 이모 시점에서 조카의 놀라운 관찰력과 귀여운 호기심에 얼른 답해 주기가 어려웠다. 그 순간 우주에서 가장 귀여운 존재인 조카를 꼭 끌어안으면서 설명을 이어갔다.

"아끼고 사랑하는 사이에는 별명이나 부르는 말이 여러 개일 수도 있어. 이모도 지윤이라는 이름 대신 엄마 배 속에 있을 때는 '리본아~'라고 불렀고, 가끔 '꼬맹이'라고 부르기도 하고, '우리 조카'라고 하기도 하고 그러잖아? 사랑해서 그래"라고 말해 주었다. 조카 눈높이에 맞게 제법 그럴싸하게 말했다고 생각했다.

귀여운 고민이 진지한 표정으로 이어지던 '꼬맹이'는 다시 물었다. "나는 이모를 많이, 아주 많이 사랑하는데, '큰이모'라고 밖에 안 불러서 서운했겠어요? 음…. 뭐라고 또 부르지?"

큰 눈이 더 동그랗게 커지면서 고개를 갸웃거리는 조카는 사랑스러움을 온몸으로 표현하고 있었다. 그때 알았다. 사랑하면 호칭에 신경 쓰게 된다는 것을. 아끼는 관계, 자주 만나는 사이에는 호칭이 중요하다는 것을.

국립중앙박물관에서 〈탕탕평평 : 글과 그림의 힘〉이라는 전시를 열었었다. 시간이 날 때마다 종종 전시회나 박물관에 들른다. 이 전시는 특히 정조와 영조의 글과 말을 주제로 한 것인데. 정조가 즉위 이후 아버지인 '사도세자'의 칭호를 여러 번 바꿨다는 기록이 인상 깊었다. 할아버지 영조에게는 밉고 원망스러운 아들이었고, 마지막 죽음까지 안타까운 비운의 세자였지만 그의 아들이 아버지를 그리워하며 칭호를 바꿔 올렸다는 것만으로도 어쩌면 사도세자가 하늘에서 한 번은 웃지 않았을까 상상도 했다.

사도세자의 '사도思悼'는 알려진 대로 영조가 붙였다. 한자의 뜻 그대로 생각 '사思'에 '슬퍼할 도悼'라 영조가 아들의 죽음을 생각하며 애도한다는 의미로 알고 있었다. 그러나 '사思는 이전의 잘못을 후회했다는 뜻이고 도悼는 일찍 죽었다'라는 뜻으로 자기 잘못을 반성하고 일찍 죽은 세자'라는 뜻으로도 해석된다. 정조가 칭호를 바꾸려고 한 이유가 여기에 있다고 했다.

기록에는 관료들 또한 사도라는 시호가 좋지 않다는 것에 공감했다고 한다. 추진력 좋은 정조의 의견대로 '장헌'이라는 시호를 추가한 이후의 실록의 기록에는 사도세자의 시호를 '장헌세자'로만 호칭했다. 정조 7년(1783년)에는 존호를 추가해서 '사도수덕돈

경장헌세자'가 되었고 정조 8년(1784년) '홍인경지弘仁景祉', 다시 정조 18년(1794년) '장륜융범기명창휴章倫隆範基命彰休'를 올렸다고 한다. 철종 5년(1854년)에 이르러서는 '찬원헌성계상현희贊元憲誠啓祥顯熙'까지 더해 호가 매우 길어졌다. 최종 정식 시호는 '사도수덕돈경홍인경지장륜융범기명창휴찬원헌성계상현희장헌세자'로 길어졌다. 어린 나이에 아버지를 잃은 정조는 아버지의 명예 회복을 하고 싶은 마음이었을 것이다. 더불어 사도세자의 칭호 변경으로 자신의 정통성도 강화할 수 있었다.

우리나라는 대가족이 많았기에 관계에 따라 호칭도 제법 복잡한 편이다. 첫째, 둘째, 셋째 형제자매 순서에 따라 '큰' '작은'을 붙여 순서를 나타내기도 하고, 오촌이든 육촌이든 촌수를 따져 세밀하게 분류하고 호칭했다. 'uncle' 단어 하나로 삼촌, 외삼촌, 이모부, 고모부를 모두 통칭하는 영어와 차이가 있다. 부모님 세대 대다수는 형제자매가 많아서 부르는 호칭을 예법에 맞게 배우기도 했다. 예전에 비해 대가족이 줄어든 요즘에는 이렇게 세밀한 가족 관계 호칭을 부를 일도 적어졌다. 나중에 기록에서나 찾아보게 될지도 모르겠다.

방영 당시 역대 tvN 드라마 중 가장 높은 시청률(24.9퍼센트)을 끌어낸 〈눈물의 여왕〉에서도 상황마다 다른 호칭 사용이 등장한다.

아내가 남편을 부르는 호칭이 상황마다 달라져서 기억에 남는다. "현우 씨" "백현우 씨!" "백현우!" "당신" "너!" 여주인공 홍해인 (김지원 배우)이 상황에 따라 달리 부르는 남편의 호칭이다. 극 중 상황에 따라 인물 사이의 감정 흐름에 따라 호칭이 달라졌다. 남편을 부르는 말로 극의 상황을 이해하는 재미가 더해졌다.

이 드라마를 보다가 문득 몇 해 전에 지역 커뮤니티에 썼던 글이 생각났다. '○○ 씨'로 부르며 만나 '오빠'라고 부르다가 결혼 후에 '신랑'으로 쭉 부르고 있는 남편에 대한 호칭이 고민이던 때였다. 신혼 기간이 10년이 지난 시기에도 여전히 '신랑'으로 부르고 있었는데 어느 날 갑자기 쑥스럽고 어색해졌다. 국어 호칭법 상 부부 사이 호칭은 '여보'가 올바른 표현이다. 남편에게 아주 진지하게 "이제 우리 '여보'라고 호칭하는 게 어때요?"라고 제안했다. 남편은 놀라며 손사례를 쳤다. "갑자기? 왜? 그러길래 내가 연애 때부터 서로 존댓말 쓰자고 했었는데 싫다고 한 사람이 누군데"라고 핀잔을 주었다. 이제 와 호칭을 바꾼들 무슨 의미가 있냐며 오히려 완강하게 호칭 제안을 거부하며 놀려댔다. 아무리 생각해도 이번 기회에 여전히 나를 '마눌'이라고 부르는 남편의 습관도 고쳤으면 했다. (아니 간절한 바람이었다.) 이런 고민이 나 혼자만의 것이 아니길 바라면서 지역 커뮤니티에 글을 올려 다른 집들은 대체 어떻게들 부르고 사는지 반응을 살폈다.

"다섯 살 차이가 나서 평소에는 '오빠'라고 부르지만, 저를 화나게 하면 '야!'라고 해 버려요."

"저는 '여보', 남편은 'ㅇㅇ 엄마'라고 불러요."

"남편에게 '오빠'라고 부르고, 남편은 제 이름을 불러요. '여보'나 '자기'는 도저히 못 하겠어요."

"남편에게 '자기야'라고 부르고, 남편은 저더러 '큰 공주'라고 부른답니다."

"저는 'ㅈㄱㅇ'이라고 불러요. '자기야' 아니고 '저기요'라고요."

"둘 다 이름으로 불러요. 'ㅇㅇ 씨'라고 해요."

"저는 평소에 이름만 부르다가 화나게 하면 성을 붙여서 부릅니다!"

댓글만 보면서도 몇 번이나 크게 웃었던 기억이 난다. 부부 사이에 이렇게 다양한 호칭으로 부르고 있다니 놀랍기도 했고, 어법에 맞게 '여보'로 호칭하지 않아도 각자의 방식대로 잘 살고 있는 것 같았다. 그럼에도 나는 '마누라'도 아니고 줄여 부른 '마눌' 대신에 '여보'라는 호칭을 꼭 듣고 싶었다. 이런 고집이 생기게 된 동기는 따로 있다. 진짜 사건의 발단은 자연 다큐 프로그램에 나온 심술궂게 생긴 '마눌 고양이' 때문이었다. 고양이는 다 사랑스럽고 귀여운 생명체인 줄로만 알았는데 아니었다. 감정을 절제한 성우 목소리마저 야속했다. "마눌 고양이는 몽골 평원의 진정한 주인이고, 특별한 사냥 기술이…." 앞으로 '마눌'이라고 부르면, 저 심술궂은 고양이 닮았다는 말로 알고 섭섭할 거라고 엄포를 놓았다. 호칭 바꿔 부르기 제안을 한 후 두 해가 지났지만 나는 여전히 '마늘'로 불린다. 그래도 아주 가끔 교정해서 부르려는 노력이 보여 그때마다 감동한 척 반응하고 있다. 느리더라도 언젠가 바뀌리라 믿고 있다.

비단 가족 사이에서만 호칭이 중요한 것이 아니다. 호칭은 부르는 사람과 불리는 사람의 관계를 설정한다. 불가피한 서열 때문에 호칭이 정해지기도 한다. 한때 직장에서 직급을 빼고 '○○ 님'으로 이름을 부르는 것이 유행처럼 번지기도 했다. 회사에서 중간 직급을 맡고 있는 지인에게서도 비슷한 이야기를 들었다. 나이 차이가 스무 살 넘게 나는데 아무리 '님'을 붙이더라도 이름을 부르자니 입이 안 떨어지더라는 것이다. 나이가 많은 분들은 반대로 자기보다 젊은 동료들의 이름에 '님'을 붙이는 것이 어색해 존칭 없이 이름만 부르게 되고, 이름만 부르니 자연스럽게 따라오는 서술어가 하대하는 말로 바뀌게 되었다는 것이다. 또한 호칭이 오락가락하니 어색해졌다고 했다. 아예 호칭 없이 말을 시작해서 누구에게 말하는지 헷갈리는 상황이 생기기도 했단다. 그래서 만든 대안이 별명으로 영어 이름을 만들어서 부르기였는데, 그마저도 입에 붙지 않아서 다시 성에 직급을 붙여 부르던 원래의 방식대로 되돌렸다는 웃지 못할 사연을 들었다.

비즈니스 상황에서 처음 만나는 사이에 명함을 주고받는다. 이때 명함에 직급이 쓰여 있더라도 나는 꼭 한 번 더 확인한다. "제가 '○○ 과장님'으로 불러드리면 될까요?"라고 명함에 있는 직급을 말로 한 번 더 묻는다. 이제 막 진급을 해서 명함을 미처 새로 준비하지 못해 기재된 직급보다 승진한 분도 종종 있다. 처음 만나는 사이에는 당사자에게 한 번 더 확인하는 것이 앞으로 실례되는 상황을 만들지 않을 수 있기 때문이다.

고객사에 다른 일로 방문했다가 로비에서 우연히 만나 바로 업무 회의까지 이어졌던 일이 생각난다. 담당자의 명함은 '선임'이었지만, 지난주 '팀장'으로 승진했던 상황이었다. 미리 물어보고 축하 인사를 건네면서 시작하니 분위기 좋게 회의를 시작할 수 있었다. 승진한 직급을 어색해하면서도 팀장님으로 불러드리니 입꼬리가 올라갔다. 그가 승진하기까지 노력과 내공을 축하하는 의미가 자연스럽게 담기기 때문이다.

식당에서 흔히 '이모님'으로 친근감을 내세워 부르는 경우도 자주 본다. 부르는 사람이 별다른 생각 없이 친근함을 내세워 그렇게 불렀더라도 받아들이는 이가 유쾌하지 않을 수도 있다. '이모님'으로 불린 사람이 부른 사람보다 나이가 젊거나 원하지 않는 내색을 하면 잘못된 호칭이다. 가끔 '어머님'으로 부르는 사람도 봤는데 연세가 있는 중년 여성이라도 출산하지 않았을 수도 있고, 미혼일 수도 있어 무척 실례되는 표현이 되어 버린다. '사장님'으로 부르거나 손을 드는 것으로도 충분하다. 때마다 챙기기 어렵고 잘 모르겠다면 부르는 말 "저기요!"라고 하기보다 이쪽으로 와 달라는 의미로 "여기요!"로 바꿔 부르는 것도 괜찮다. 한 글자 차이인데 돌아보는 사람의 표정이 달라진다.

배려가 담긴 호칭은 존중의 또 다른 표현이다

한 교육 회사의 영업 사원들을 대상으로 '고객을 붙잡는 말, 고객이 떠나는 말'을 주제로 강연한 적이 있었다. 주로 서점이나 아파트에서 간이 부스를 설치하고, 학습지 구독을 설명하는 일을 맡은 분들이었다. 강연이 끝나고 한 분이 질문을 했다. 고객에게 처음 말을 걸 때 어떻게 말해야 할지 모르겠다며 고민을 토로했다. 눈대중으로 그림책이나 어린이책 서가에 머무는 성인들이 보이면 무조건 여성에게 '어머님'이라고 하고 남성에게 '아버님'이라고 한다고 했다. 양육자가 아닌 이모 역할뿐인 내가 그 호칭을 들었어도 당황했을 것 같았다. 그래서 그렇게 호칭했을 때 '타깃 고객'이 맞았던 경우가 어느 정도 되냐고 물었다. 열 사람을 붙잡아도 서너 사람뿐이라고 했다.

나는 다음 주부터 호칭을 바꿔 보시라고 권했다. '어머님'이나 '아버님'이 아닐 확률도 있고, 집마다 다양한 사연들이 있어서 '어머님'이라는 호칭만으로 눈물이 왈칵 나는 사람이 있는가 하면, 그 세 음절로 불리면 불쾌한 사람도 있을 수 있다고 알려 주었다. 어머니처럼 보이든 보이지 않든 호칭을 바로 부르지 않고, "어린이책에 관심 많으신가 봐요" 하고 질문하며 다가간 후 누구에게 선물할 것인지를 물어본 다음 관계를 짐작해서 호칭하는 방법을 써 보라고 추천했다. 여성인 경우, 모르는 사람이 말 거는 것을 불편해서 자리를 뜨는 경우도 있지만, 서점 직원이라고 생각하고 자연스럽게 대화에 응한다. "아들 주려고요" 말하면 당연히 부모일 확률이 높고, "조카 주려고요" 말하면 이모, 고모, 숙모일 가능성이 높지 않겠는가.

호칭의 중요성과 함께 부르는 시점도 중요하다. 종합병원에 근무한 경험을 바탕으로 개원 병원의 환자 응대 커뮤니케이션을 교육할 때 권했던 방법이다. 이 방법을 적용한 후 환자들의 부정적인 반응이 줄었던 좋은 솔루션으로 평가받았다. 환자와 보호자에게 확인 없이 무턱대고 얼굴 나이로만 미루어 짐작해 부부 사이를 모자 사이로 오해하거나 부녀 사이를 할아버지와 손녀 사이로 오해하고 호칭해서 환자들의 원성이 생긴 경우가 잦았다. 간호사 직무 교육 때 커뮤니케이션 개선 방안으로 제안했고 이후 첫인사에서 지레짐작으로 호칭하지 않도록 주의를 기울이는 방법은 그 병원의 환자 응대 매뉴얼이 되었다. 그렇다. 모르면 직접 물어보는 것이 가장 정확하다.

교육 회사 직원에게 한 가지 더 덧붙여 열린 공간에서 예상 타깃 고객을 부를 때는 '마이크로 타깃'을 하라고 추천했다. 마구잡이로 그냥 "고객님!"으로 외치기도 애매한 상황이고, 야외에 파견 근무하는 동안 지루하지 않고 즐겁게 일하는 방법으로 활용하라고 제안했다. 지나가는 사람이 한 번이라도 더 돌아볼 수 있게 씩씩하게 외치시라고 응원해 드렸다. '마이크로 타깃'은 그야말로 콕 집어 한두 사람을 목표로 영업하는 방식이다. 매일매일 타깃을 바꿔 보는 것이다. 아파트 놀이터에 예닐곱 살 어린이들과 어른들이 보이면, "예쁜 일곱 살 둔 어머님!"처럼 나이를 콕 집어 부르면 좋겠다고 알려드렸다. 과연 되겠느냐면서 고개를 갸웃거리던 분이 한 달쯤 지나서 메시지로 상황을 공유해 왔다.

"처음에는 알려 주신 대로 부르는 게 너무 어색했지만 몇 번 불러 보니 말씀하신 대로 계약으로 이어져서 신나고 재밌더라고요! 요즘 사람들 보는 관찰력이 제법 늘었어요. 알려 주신 대로 '예쁜 일곱 살 둔 어머님'에 그치지 않고요, 제가 어제 구독 계약한 고객을 어떻게 불렀냐면요. '킥보드 타느라 한글 다 못 뗀 개구쟁이 아들 둔 아버님!'으로 응용했어요. 잘했죠? 그랬더니 정말로 그 아버님이 아들 손잡고 행사 부스로 다가오셔서 물어봐 주셨어요. 킥보드는 학교 들어가서도 탈 수 있지만, 한글 다 못 떼고 가면 요즘 친구들 사이 좀 어려워진다고 말씀드렸답니다. 그 아버님을 쉽게 설득해서 계약했고요, 개구쟁이 어린이도 옆에 있다가 열심히 하기로 약속했어요."

나중에 들어 안 사실이지만, 나의 열혈 제자는 섣불리 '킥보드 타는 아이의 엄마 허락'을 운운하지 않았다고 했다. 그 점이 가장 좋았다. 알고 보니 아버지 혼자 키우는 가정이어서 아들 키우는 고민이 이만저만이 아니라고 했다. 가끔 학습지 외에 다른 아이들이 다니는 학원들은 어떤 게 있는지 조언도 구하며 서로 돕는 이웃 사이가 되었다고 했다. 미리 사정을 알고 부른 호칭이 아니었지만, "여기 계신 부모님들!"이라고 하지 않고, 아버님만 부른 상황이 잘 맞아떨어졌다.

말은 하는 만큼 달라지고 다듬는 만큼 좋아진다. 모든 상황에 딱 맞춘 말은 그 상황을 겪어 본 사람만 제일 잘 말할 수 있다. 오늘 못한다고 포기하고, 지금 어색하다고 미루면 달라지지 않는다. 때로는 여섯 살처럼 호기심을 가질 필요가 있다. 잘못된 호칭은 바로잡아 제대로 불러 좋은 습관으로 만들고, 부를 호칭이 애매할 때는 직접 물어보는 성의가 필요하다. 호칭을 잘 쓰면 관계가 호전되고 일도 개선된다. 정조처럼 긴 호칭을 만들지 않아도 된다.

무례하지 않게 상대를 배려한다는 전제가 깔린 호칭은 존중의 또 다른 표현 방식이다.

4

음성잉여음보다
차라리 침묵이 낫다

"

부족한 말 습관 한 가지만 바로 잡아도 전체적인 말의 느낌이 달라질 수 있다. 한 번에 많은 것을 바꾸려는 원대한 목표를 이루기 위해서는 시간이 많이 소요된다. 말하기 역량이 부족해 보일 수도 있는 오해 요소를 먼저 없애는 것으로 연습을 시작하는 쪽이 더 쉽다. 좋아지기 위해 여러 가지를 신경 쓰면서 연습하는 것보다 원하는 결과를 이루기까지 시간을 단축할 수 있다.

말을 잘할 수 있는 방법이 있다. 개인 스피치 코칭을 할 때나 강의 때도 교육생에게 반드시 직접 해 보도록 권하는 것은 '녹음' 또는 '녹화'다. 스마트폰으로 쉽게 녹화할 수 있으니 단 5분만 주어져도 말하고, 촬영하고, 다시 확인할 수 있다. 처음에는 스스로 영상을 다시 한 번 보도록 시간을 갖는다. 사람들은 영상에 찍힌 자기 모습이 어색하고 쑥스러워 영상 속 녹화된 자기 모습을 마주하지 못한다. 겨우 표정이나 자세 등의 시각적인 요소에만 집중해서 살펴본다. 다시 한 번 보고 자기 평가를 하도록 이끌면 두 번째부터는 말의 속도나 목소리 크기 등의 청각적인 요소에 집중해서 살펴본다. 그때 내가 자주 듣는 단골 질문이 있다. "제가 말을 이렇게 자주 더듬으면서 말하는지 몰랐습니다. '음⋯' 하면서 말을 반복하는데 이 습관 좀 고치고 싶어요. 어떻게 하면 될까요?"라는 말이다.

음성적 잉여 표현을 줄이는 법
—

질문에서 언급한 "음⋯"이나 "이⋯" 또는 "저⋯"하는 습관은 특별한 의미 없이 내뱉는 음절이어서 말 내용에 군더더기가 된다. 글을 쓰거나 읽을 때는 그런 불필요한 군더더기 말을 보기 어렵지만 유독 원고 없이 하는 발표나 대화에서 상대적으로 자주 나타난다는 점이다. 언어학에서는 이 의미 없는 음절을 '필러filler'라고 한다. 삽입어, 군소리로 불리기도 하는데 정확한 지칭어는 '음성적 잉여 표현' 또는 '음성잉여음'이라 칭한다.

외국어에서도 'um'이나 'hmm' 'well' 등을 쓴다. 일부에서 현장감을 높이기 위해 이러한 음성적 잉여 표현을 회화에서 적극적으로 사용하는 것을 권하기도 하는데 지칭하는 뜻 자체가 '군소리'이니 굳이 일부러 쓸 필요는 없어 보인다. 우리말로 바꿔 봐도 어색하고 이상하다. 아무런 의미가 없는 특정 음절을 되풀이하게 되는 이유는 무엇일까. 크게 두 가지 경우가 있다. 말할 때 다음 단어 또는 맥락이 생각나지 않는 경우와 말하는 상황이나 자리에 따라 발화자의 자신감이 부족한 경우에 음성적 잉여 표현을 하게 된다. 어느 특정 직군이나 성별 연령과 상관없이 누구나 해당되기도 한다.

대학교에서 강의할 때 프레젠테이션을 앞두고 준비하는 학생들 중에서 긴장한 경우 이 음성적 잉여 표현을 자주 쓰는 모습을 여럿 보았다. 환자에게 진료 계획을 설명하는 의사, 기업의 신제품 발표를 직접 하는 기업 대표, 선거철 거리 유세를 하기 위해 마이크를 잡은 정치인, 정부에서 일하는 고위직 공무원까지 직군을 가리지 않고 음성적 잉여 표현을 하는 사람은 늘 있었다.

말 내용을 잇지 못하고 "음…"이 반복되면 말을 하는 사람도 듣는 사람도 답답해진다. 말하는 시간이 길면 길수록 답답함은 더해지고, 말하는 시간이 짧으면 내용을 다 전달하기도 전에 시간 한계에 부딪힌다. 그렇다면 음성적 잉여 표현을 줄일 수 있는 방법이나 연습은 없을까?

10여 년 전 녹화된 영상을 보고 내게도 그런 습관이 있다는 점을 알게 되었다. 방송을 20여 년 했으니 정갈한 원고를 받아 연습하고 입 밖으로 소리 낸 시간만 따져도 일상 생활 속에서 대화한 시간보다 길었지 싶다. 그렇게 방송과 녹음을 오래 했으니 당연히 말을 잘하는 사람이라는 자만에 빠져 있었는데, 강의하면서 그 자만감은 곧바로 반성으로 바뀌었다.

녹화 강의였지만 시간이 정해진 생방송처럼 한 번에 끝내야 하는 날이었다. 방송을 오래 했어도 원고를 보고 읽거나 짧은 문장으로 이뤄진 진행만 하던 것과 다른 차원이었다. 한 시간 내내 꼿꼿하게 바른 자세로 서서 카메라를 의식하면서도 자연스럽게 말해야 했다. 말 실수 없이 한 번에 끝내야 하니 고도의 집중력을 발휘해야만 했다. 녹화한 강의가 방송으로 나간 후 다시 천천히 들어 볼 수 있었다. 영상을 보면서도 내가 이렇게 말했었나 자책이 이어졌다. 말의 내용은 둘째치고 음성적 잉여 표현이 너무 잦았다. 불필요한 음절이 문장 여기저기 들어가니까 말의 내용이 잘 들리지 않았다. 말하는 내내 눈치를 보며 말하는 내 자신이 쑥쓰러움을 넘어 부끄러웠다. 편집을 할 수 없었던 제작진이 무척 아쉬웠겠다는 생각도 들었다.

음성잉여음만큼이나 '사실은'이라는 단어도 셀 수 없을 만큼 반복하고 있었다. 사실을 계속 말하면서도 '사실은 이렇다'를 반복하는 모습을 계속 보고 있자니 정작 녹화 때도 안 나던 진땀이 다 났다. 그렇게 음성잉여음과 '사실은'의 늪에서 허우적대다 그대로 두면 안 되겠다고 결심했다. 그때부터 작정하고 평소 대화부터 신경써서 말하려고 애썼다. 스스로 내뱉는 말에 실시간 첨삭과 퇴고를 했다. 가급적 문장 길이를 짧게 말하고 호흡도 신경 쓰며 천천히 말하려 노력했다. 고치려고 의식하고 연습하며 의지를 더하니 불필요한 군말이 줄기 시작했다. 그런 노력이 더해져 이제는 비교적 깔끔하게 말할 수 있게 되었다. 여전히 종종 발음이 엉키고 말을 더듬고 생각이 나지 않을 때는 음성적 잉여 표현을 사용하기도 한다. 하지만 그 흑역사 영상 속 과거의 나처럼 말하지는 않는다.

앞서 음성적 잉여 표현은 자신감이 없거나 단어가 입 밖으로 빨리 나오지 않을 때 자주 사용하게 된다고 설명했다. 이 두 가지 다른 상황에 처했을 때 나아지게 만드는 연습 방법을 소개한다. 내뱉을 말을 직접 말로 해 보지 않고, 머리로만 생각하는 것과 직접 한 번이라도 말로 해 보는 것에는 큰 차이가 있다. 말은 생각한 대로 잘 나오지 않는다. 사람에 따라 연습의 양이 달라지겠지만, 적어도 해야 할 말이 공개적으로 중요한 자리에서 해야 하는 말이라면, 첫 시작 1분 동안 해야 할 말은 미리 한 번이라도 리허설을 해 보면 누가 시키지 않아도 연습을 이어 가게 된다.

처음 연습할 때 문장이 매끄럽지 않고 "음…" 또는 중간에 "그…" 등으로 연결되면 그 부분의 내용이 입에 붙지 않아서 그렇다. 그 부분의 문장들이나 생각이 아직 정리되지 않아 다음 해야할 말의 단어를 고르느라 그 시간 동안 음성잉여음으로 채우는 버릇이나 습관이 나오는 것이다. 같은 내용이라도 맥락은 유지하되 다르게 말하는 방식으로 연습하면 단어를 고르느라 그 시간을 채우는 군말은 쏙 들어간다. 예를 들어, 발표에서 첫 시작을 여는 인사말을 한다고 가정해 보자.

① "안녕하십니까. 'AI와 인류'를 주제로 발표할 강은하입니다."
② "안녕하십니까. 발표를 맡게 된 강은하입니다. 저는 오늘 여러분께 'AI와 인류'를 주제로 말씀드리겠습니다."
③ "안녕하십니까. 'AI와 인류'를 주제로 발표하게 된 강은하입니다. 그럼, 발표를 시작하겠습니다."

세 문장 모두 단어의 순서에 차이는 있지만 발표를 시작하는 인사말이라는 맥락은 유지하고 있다. 대체로 한 가지 문장만을 딱 정해 두고 외우듯 연습하는 이들이 당일에 실수 없이 잘 해낸다면 문제없겠지만, 인생이 어디 늘 계획대로 되던가. 연습한 대로 술술 나오는 환경이나 컨디션이 늘 유지되는 것은 아니기 때문이다.

토씨 하나 틀리지 않고 외우다 다음 문장이나 단어가 생각나지 않는 경우는 외운 대로 말하려고 하는 강박 때문이다. 원고를 보면서 조사 하나라도 틀리지 않는 게 중요한 것은 방송 뉴스나 성우 원고와 같은 성격의 글말 외에 없다. 미리 주어진 원고나 대본을 보면서 낭독해야 할 때를 제외하고 대본 없이 말해야 한다면 외우려는 강박에서 벗어나자. 단어와 단어를 외우는 것이 아닌 맥락을 이해하고 말할 수 있어야 한다. 앞서 언급한 ①, ②, ③번 중 어느 방식으로 말해도 의미가 다 통한다. 통하는 의미대로 말하면 청중도 집중하게 되고 집중하는 청중을 보면서 말하는 사람도 자신감이 생긴다.

요즘은 강의를 마치면 자주 듣는 피드백이 있다. "깔끔하게 말씀하셔서 좋아요. 어떻게 말을 안 틀리고 긴 시간 강의할 수 있나요?" 역시 연습하면 나아진다. 반드시! 놀랍게도 이날 강연에서 나는 발음이 몇 번 엉키고, 단어를 정정하는 말을 하기도 했었다. 그럼에도 굳이 단상 앞으로 다가오셔서 그런 칭찬을 말씀해 주신 것은 아마도 전체 말하기 인상은 그렇지 않았기 때문이리라. 몇 번의 실수가 전체 맥락에 영향을 주지 않았을 수 있다. 분명한 건 1초도 쉬지 않고 내내 말하지 않아도 된다는 것을 알게 되었다. 단어가 생각나지 않으면 3초쯤 말을 멈추고 잠시 침묵해도 된다. 군더더기 말을 반복해서 사용하는 것보다 훨씬 깔끔하고 매끄러운 말하기를 할 수 있게 된다.

앞서 고백한 대로 나 역시 많이 틀리고 버벅거렸던 사람이었다. 그동안 코칭으로, 강연으로 만났던 10만여 명이 넘는 사람들의 말하기를 톺아보았다. 처음부터 끝까지 술술 말했던 사람은 드물었다. 모두 한 가지씩 거슬리는 말 습관만 고쳐도 월등하게 잘하는 수준으로 올라섰다. 준비를 많이 한 것 같은데도 막상 실전에서 자주 버벅거린다면 음성적 잉여 표현부터 줄이려고 해 보자. 생활 속에서 주고받는 말부터 짧은 문장으로 활용하자. 몇 번의 연습만으로도 하루아침에 말이 단정해졌다는 인상을 줄 수 있는 가장 빠른 방법이다. 그리고 짧은 호흡과 잠깐의 침묵도 괜찮다는 전제를 잊지 않으면, 조급한 마음에 말을 더듬거나 음성잉여음을 남발하는 일은 줄일 수 있다. 군말보다 잠깐의 쉼이 더 여유롭게 말하도록 돕는다.

5

서술어를 생략하면
어감이 달라진다

99

얼마 전 집 세탁기가 며칠 동안 말썽을 부렸다. 세탁이 끝난 빨랫감에서 거뭇거뭇한 가루들이 묻어나와 세탁을 처음부터 다시 해야만 했다. 시간은 시간대로 힘은 힘대로 들었다. AS센터에서 다녀간 후에야 원인을 알 수 있었다. 세탁기 드럼통에 물때들이 끼어서 먼지 거름망이 미처 다 걸러내지 못하는 상황이라고 했다. 가끔씩 세탁조 전용 세제로 통 세척을 하긴 했으나 그것만으로는 역부족이었나보다. 전문적인 세탁조 청소도 한 번쯤은 했어야 하는데 일하느라 바빠 미처 챙기지 못하고 있었다. 말하기도 마찬가지라는 생각이 들었다. 매일 하는 말하기에도 이렇게 찌든 때가 생긴다. 자신도 모르게 밴 말 습관들도 때 빼고 광내면 좀 달라질 수 있을까?

　우리는 하루에도 많은 말을 주고받는다. 사람마다 일마다 말의 양은 조금씩 다르겠지만, '하는 말'과 '해야 하는 말' 그리고 '하지 말았어야 하는 말'들은 단순히 한 마디에 그치지 않고 일의 속도를 결정짓기도 한다. 수다가 아닌, 일하며 나누는 대화는 대부분 일의 진행 방향과 속도와 관련이 있다. 내가 하는 말들이 일을 더 디게 만드는 건 아닌지, 설명이 부족해 오해를 사는 건 아닌지 생각해 보는 기회가 없었다면 이 책이 그런 물꼬가 되기를 바란다. 어떤 말들은 직장 내 소통에서 '일의 격'을 높이기도 하고 어떤 말들은 부서 사이에 '일의 벽'을 만들기도 한다. 일 뿐만 아니라 사람 관계에서도 말의 영향력은 마찬가지다.

서술어까지 문장으로 완성해서 말하는 습관
—

먼저, 평소 말수가 적은 편이고 맡은 일의 직무 특성상 말할 일이 많이 없는 사람이라면 보고나 프레젠테이션 대표 선수로 나설 일은 많지 않을 것이다. 그럼, 평소에 일하면서 가장 자주 사용하는 말을 떠올려 보자. 서술어까지 정확하게 말을 잘 끝맺는 편인지, 아니면 말끝이 분명하지 않고 어절 단위로 하다 말다 끝나는지 기억을 더듬어 보자. 가끔 또는 자주 나와 대화하는 상대가 내용을 되묻는 경우가 많다든지 하는 몇 가지 특징을 찾을 수 있다. 이런 유형은 평소 자주 말하는 문장에서 말하던 습관의 찌든 때를 빼야 한다. 서술어까지 문장으로 완성해서 말하는 습관으로 교정해 보자. '에이, 귀찮게 뭘 바꾸냐' 하는 독자보다 적어도 이 책을 선택하신 독자라면 '내가 그랬었구나, 따라해 보자'라고 열린 마음이길 바란다. 만약 서술어까지 마무리하지 않고 단어만 나열하듯 상대에게 말하는 습관이 있었다면 주변 동료들에게 고마워해야 한다. 우리 말에서 서술어를 생략하면, 뜻은 전달이 되지만 뉘앙스(어감)까지 전달되지 않는 경우가 많다. 예를 들면, "이거 자료 정리해서 모레까지 보고서 좀" 이렇게 얼버무리는 것보다 다음 표현이 낫지 않은가.

"이 자료들 정리해서 모레까지 보고서 초안 좀 부탁합니다. 모레 오후 2시까지 부탁해도 될까요?"

이렇게 말할 내용에 완료를 희망하는 시점과 부탁의 뉘앙스가 고루 들어가야 보고서 작성의 중요성과 필요성이 강조된다. 문장을 정확하게 끝까지 말해야 내용을 이해하기 쉽고 오해도 줄일 수 있다.

일할 때 비교적 말을 많이 하는 업무를 맡은 사람이라면 어떤 특정 단어나 문장을 가장 많이 사용하는지 하루쯤 주의 깊게 자기 말을 들어 보는 것도 말의 찌든 때를 빼는 방법이다.

한 의료기관의 의료진 전체를 대상으로 스피치 컨설팅을 요청받아 진행했었다. 수행한 규모가 컸고, 의료진도 제각각 달랐기에 프로젝트의 범위가 정해지지 않았었다. 단지 환자와 소통을 잘하는 의료진 양성이 희망이자 목표였다. 고민한 끝에 함께 일하는 연구팀과 프로젝트의 시작을 이렇게 진행했다.

"진료 대화 녹음 후 제출 부탁드립니다."

희망하는 진료과의 의사나 간호사가 환자를 대할 때 설명하는 의료 용어나 진단 결과들을 녹음 파일로 제출하도록 요청했다. 당시에는 개인정보보호법 법령이 까다롭지 않아서 기밀 보안 각서를 작성한 후에 대화 녹취록을 만들어 분석했다. 요즘처럼 AI가 몇십 초 만에 자동으로 요약하고 분석해 주는 시스템이 없던 시기여서 녹음 파일을 하나하나 다 직접 듣고 받아 적으며 분석했다. 같이 일한 동료의 손목에도 내 어깨에도 파스를 뗀 날보다 떼지 않은 날이 더 많았으니 그만큼 녹음 분량은 엄청났다. 이미 유명한 의사도 있었고, 이제 막 진료과에 새로 부임한 의사도 있었다. 경력과 상관없이 모든 의료진이 환자에게 설명을 더 잘하도록 만들어줬으면 좋겠다는 병원 측의 바람은 지금 돌아보면 어떻게 해냈나 싶을 정도로 어려운 과제였다.

나는 전략을 바꿨다. 이미 잘하는 부분에 집중하기보다 덜어 내기에 초점을 맞췄다. 진료 대화에서 어떤 말이 불필요한지, 어떤 말들이 환자에게 오해를 사는지 찾아내고 모니터링 보고서를 만들었다. 불필요하게 "정말~, 사실은~, 그러니까~"를 반복하는 말 습관부터 "음. 아. 이. 그. 저…"처럼 음성잉여음을 남용하는 습관까지 교정해야 할 말의 유형이 다양했다. 3개월의 프로젝트로 분석이 끝나고 그 병원의 컨설팅 요청에 따라 세운 목표대로 불필요한 말을 덜어 내는 훈련을 시작했다. 병명이나 치료 방법을 설명할 때 낯설고 어려운 단어들은 환자에게 맞춰 어휘를 교체하는 것만으로도 치료받는 환자들의 반응이 좋아졌다. '의사 선생님이 자세하게 말씀해 주셔서 병원 가는 게 두렵지 않다'라거나 '검사 결과 들으러 가는 날이라 걱정이 많이 되었는데 차분한 설명 덕분에 앞으로 어떻게 건강 관리를 해야 할지 도움되었다'라는 환자 반응들이 이후로 자주 들렸다.

생활 속에서 자주 사용하는 말 습관을 살펴보자. 내 말의 '찌든 때'를 빼면 내가 하는 일도 깨끗하게 윤이 난다. 말 습관을 조금만 다듬는 것만으로도 전문성이 더 두드러질 수 있고, 전문성이 잘 드러나면 신뢰나 호감도 올라가는 것은 당연하다. 어떻게 바꾸는 것이 좋을지, 책에서 차근차근 다뤄보겠다. 이 책 덕분에 말 습관 한 가지 고치고 싶어졌다는 독자들이 많아지길 욕심 내 본다.

6

들는 귀부터 열면
말할 입도 열린다

"

숙련된 연주자나 멋진 작품을 만들어 내는 예술가를 보면 감탄사가 나온다. 타고난 예술적 감각이 남다르기 때문이겠지만, 어디 영감만으로 되겠는가. 영감을 밖으로 표현해 내기 위해 부단히 연습에 연습을 거듭했음은 거칠어진 손을 보면 미루어 짐작된다. 어떤 노력을 하면 그렇게 자신의 영역에서 멋진 작품과 하나가 될까, 늘 궁금했었다.

저자 강연이나 토크 콘서트를 진행하면서 만난 분들을 인터뷰하며 알게 된 점이 있다. 모두에게 한 가지 공통점이 있었다. 바로 각자의 방법대로 보고, 듣고, 말하고, 실행한 '입력' 시간이 반드시 있었다는 점이었다. 각자의 영역에서 무엇인가 '출력'하려면, 출력하기 위한 '입력'의 시간이 훨씬 더 길었다고 말했다. 입력한 대로 바로바로 출력이 잘 되는 사람이 있는가 하면, 준비하고 노력하는 '입력'의 시간이 길었는데도 원하는 '출력'이 마음대로 잘되지 않았다고도 말했다. 하지만 초조함은 같았으나 기다린 끝에 원하는 결과를 얻었다고도 했다.

말하기를 연구하고 강의하며 만났던 내 일의 세월을 톺아본다. 많은 분의 말 실력이 더 좋아지도록 지도했던 방법 중 한 가지는 입력의 '강도'보다 '빈도'를 늘리는 것이었다. 다시 말해 얼마나 자주 다른 사람의 '잘하는 말하기'에 노출되어 적용해 보고 수용하느냐에 따라 저마다 말하기 실력도 달라졌다. 나는 일회성 특강이 아닌 몇 회 연속으로 진행하는 강의라면 설계를 달리한다. 학습자들이 각자의 말을 '출력'하기 전에 '입력'하는 시간을 갖도록 하는 편이다. 흐름이 탄탄하게 전개되는 좋은 내용, 안정된 제스처나 동선 활용, 적확한 표현을 사용하는 어휘력, 정확한 발음, 그리고 정갈하고 안정된 음성을 갖춘 영상을 찾도록 한다. 나열한 것들은 말을 잘하는 데 필요한 요소이자 일반적인 말하기 평가 기준이다. 강의를 듣는 분들은 그 조건들에 가까워지려고 애쓰지만 모두가 짧은 시간 안에 단순 연습만으로는 말 실력이 좋아지기는 어렵다. 그래서 강의 밖 시간에서도 '입력' 시간을 늘리도록 요청했다. 도움될 만한 추천 유튜브 강의 영상을 자주 보도록 했다. 자신의 말하기 습관에 변화를 줄 수 있는 닮고 싶은 롤 모델을 정해 관련한 영상들에 눈과 귀가 자주 노출되도록 했다. 영상을 보고 들은 것에만 그치지 않고, 듣고 분석하고 자신만의 표현으로 바로 다시 말하도록 했다. 중요한 것은 영상을 보고 메모하지 않는 것이다. 내용을 기억하려 애쓰면 시각 감각과 청각 감각이 더 세밀해진다. 잘 들어야 잘 말할 수 있다.

듣고 말하는 입력 환경부터 먼저 바꿔라
——

요즘 출강하고 있는 대학교 교수학습지원센터 중기 프로그램에서도 똑같이 적용하고 있다. 강의하며 단순히 이론적으로 프레젠테이션과 스피치 기술만 알려주는 것으로는 20대의 말이 바뀌지 않는다. 내 강의를 듣는 몇 달 동안만이라도 각자의 '말하기와 듣기' 환경을 바꾸어 주고 싶었다. 처음에는 어떤 말부터 해야 할지 모르겠다던 사람, 인상 깊은 마무리 발언을 하고 싶다는 사람, 떨지 않고 말하고 싶다는 사람이 각자의 소망대로 모두 좋아졌다. 잘 갖춰진 말하기 사례를 보고 듣는 시간이 늘어날 때마다 정말로 조금씩 더 좋아지고 발전했다. 무엇보다 매일 쓰는 우리 말을 더 잘하고 싶었는데 생각만큼 안 되던 것들이 하나씩 바뀌니 신이 난다고도 했다.

가볍게 점심 식사하러 만난 자리에서 심오한 조언을 구한 작가님이 있다. 세바시 강연 프로그램 출연을 앞두고 있는데 프로그램 타이틀대로 강연 시간이 제한되어 있어 부담이라는 이야기였다. '세상을 바꾸는 시간, 15분'을 멋지게 해내려니 고민이 된다고 했다. 몇 시간도 너끈하게 강연하시는 분이신데 오히려 짧은 시간 제한이 압박처럼 느껴진다는 것이다. 준비한 대로 잘하고 싶은 마음을 내비쳤다. 사전에 녹화팀과 협의한 대로 스피치 원고도 작성해서 논의하고 연습도 한다고 했다.

그분에게 권한 몇 가지 방법은 바로 '듣기 감각 키우기'다. 15분이라는 시간에 정해진 말만 딱 하고 내려오는 것이 이미 부담된다면 프롬프터가 있다고 해도 평소만큼 잘하기는 쉽지 않다. 본인이 판단하기에 이 사람은 참 잘했다 싶은 몇몇 영상을 보기도 하고, 영상 없이 듣기도 하면서 15분 시간 감각을 익히도록 권유했다. 결과는 대성공! 객석에서 기립 박수도 나왔고, 떨지 않고 잘한 것 같다는 후일담도 전해 주셨다.

한 시간 강의해야 한다면 한 시간짜리 다른 강연이나 강의를 많이 들어봐야 한다. 10분 발표라고 해도 마찬가지다. 와이파이와 휴대전화만 있으면 어디서든지 보고 들을 수 있는 좋은 영상이 넘친다. 오늘부터 당장 찾아본다고 해도 매일 찾아보는 속도보다 업데이트되는 양이 더 많아 다 보기도 어려울 만큼 많다. 그러니 충분히 내 귀 감각을 올릴 수 있는 영상을 쉽게 찾을 수 있다. 영상을 찾았다면 딱 한 가지 주의 사항이 있다. 영상 속도를 1.5배속으로 빠르게 듣거나 영상 내용을 건너뛰며 보고 듣는 것은 전혀 도움이 되지 않는다. 그저 내용을 빨리 파악해야 할 때만 '건너뛰기' 기능을 사용하길 바란다. 정속도대로 들어야 듣는 감각이 몸에 스며든다. 이렇게 입력의 시간이 정제된 언어들로 정화되면 듣는 귀가 열린다. 말하기 영상을 원래 속도대로 듣고, 들은 내용을 짧게 1분 이내로 다시 직접 말해 보자,

말한 내용을 직장과 일상에서도 적용하여 입 밖으로 다시 꺼내 말해 보는 것은 더 좋은 훈련 방법이다. 같은 내용을 다른 사람 여러 명에게 각각 말하면, 자신의 말하기도 파악할 수 있다. 상대방이 늘 바뀌는데도 똑같은 전개 방식으로 말하고 있다면, 일방적으로 자신이 잘 말하고 싶은 것에만 초점을 맞춰 말하고 있을 가능성이 높다. 보고 들은 내용을 전달하되, 상대를 바꾸어 말하는 연습을 하면 말의 형식을 상대의 눈높이에 맞춰서 말하려고 노력하는 자신을 발견하게 될 것이다. 말을 뱉기만 하는 것이 아니라 '잘' 말하고 싶다면 듣고 말하는 입력 환경을 바꾸는 것을 먼저 해야 한다.

내가 들었던 말들이 다시 나의 말하기로 스며든다. 결국, 듣는 대로 말하게 된다. 생각해 보자. 하루 중 말을 하는 시간이 더 많은

편인가, 듣는 시간이 더 많은 편인가. 말하기와 듣기의 비율이 비슷한가. 이 중 하는 일의 특성상 말이 적거나 없는 편이라고 안심할 수 없다. 중요한 순간에 말을 잘해야 하는 자기소개, 연설, 축사, 환영사, 격려사, 건배사, 답사, 업무 보고, 프레젠테이션 등 '나만의 무대'는 누구에게나 한 번쯤 찾아오기 마련이다. 그때를 대비해 제대로 된 입력의 시간을 쌓아 놓으면 상황과 맥락에 맞는 말을 하는 멋진 나를 만날 수 있다. 오늘보다 말을 더 잘하는 자신을 비로소 마주할 수 있다. 입을 열기 힘들다면, 듣는 귀부터 열자.

7

10만 글자로 말할 수 있다면
전문가로 살아남는다

바야흐로 전문가의 시대다. 단순히 졸업장이나 자격증을 넘어 '전문가'임을 증명할 기회가 많이 열려 있다. 어떤 분야에서 경험과 사례를 들어 포트폴리오를 만들고 그 내용을 잘 설명할 수 있다면 전문가라고 생각한다. 스마트폰으로 사진 잘 찍는 방법, 새로운 기종의 스마트폰 본전 뽑는 사용 방법, 돈을 덜 들이고 무엇 무엇 하는 방법 등 놓치고 있었지만, 알면 생활에 조금은 도움이 되는 내용들이 넘친다. 다양한 영상 채널을 통해서도 쉽게 배울 수 있다. 최근 들어 쉽게 온라인으로 수강할 수 있는 강의 플랫폼도 늘어났으며, 구독형 강의 플랫폼도 생겨났다. 저마다 각자의 분야에서 자세하게 말로 설명할 수 있으면 누구나 전문가로 인정받는 시대가 됐다.

다양한 기관과 기업에서 강연 요청을 할 때, 이력서 요청 서식에 '저서' 기재 칸이 있다. 영상 링크를 요청하는 곳도 더러 있지만 섭외 대상자의 '저서'가 무엇인지 쓰는 칸은 대부분 필수 항목에 자리 잡고 있다. 책을 한 권 내었다면 전문가라고 할 수 있을까. 산술적으로 단행본 한 권에 들어가는 단어 수는 10만 단어다. 10포인트 글자 크기로 빼곡하게 채운 한글 파일 약 100쪽 내외 분량이다. 내 경우, 여덟 시간 연속 강의하는 날도 적지 않으니 그 정도 분량은 어렵지 않을 듯했다. 하지만 강의 내용을 다 옮긴다고 한들 주제에 맞게 정리하지 않으면 흩어지는 말일 뿐이다. 그 주제에 관심 있는 사람들이 더 잘 알 수 있도록 정제된 언어들로 정리하고 풀어내는 일이 바로 책 집필이다. 그래서 10만 단어, 즉 책 한 권 분량으로 말할 수 있는 사람을 우리는 대체로 전문가로 인정한다. (책의 내용에 따라 다르겠지만.)

했던 말을 다시 하고 또 해서 단어의 수만 10만 단어를 채우는 것이 아니라 적확한 어휘를 사용해서 의미나 주장을 견고하게 말할 수 있어야 한다. 설명하거나 설득하는 말에 따라 달라지는 어감도 구별하며 말할 수 있어야 한다. 아는 것과 하는 것은 다르다는 말이 있다. 알고 있다고 생각하지만 그걸 글로 써 보고 조리 있게 엮어서 말할 줄 아는 것에는 차이가 있다.

말은 하면 할수록 말하기 실력이 쌓인다

———

면접을 앞둔 사람이 자기소개를 준비하거나 자신의 업무 역량 강점 등을 말하는 연습을 할 때 예상보다 시간을 다 채우지 못하는 경우가 종종 있다. 입안에서 맴도는 말을 꺼내지 못해 안타까운 때도 있다. 창업 초기 기업의 투자유치 프레젠테이션(IR 피칭)에서 발표 후 질의 시간에 제대로 대답하지 못하는 경우도 자주 본다. TV 토론에서는 어떤가. 입장이 서로 다른 사람들의 주장을 듣다 보면, 어느 한쪽은 했던 말을 반복할 뿐 논거를 제대로 듣지 못해 상대가 설명을 요구하거나 반대 주장에 대한 보충 설명을 요청하면 제대로 응수하지 못하기도 한다. 이 세 가지 경우 모두 자질이 부족하다기보다 연습이 잘못됐을 수 있다. 입 밖으로 말해 보면서 다양한 상황에 대비하지 않아서 그렇다. 말할 수 있는 내용인데도 미리 말로 해 보지 않아 생기는 실수는 누구보다 스스로 제일 아쉬움이 클 것이다.

10만 글자라는 절대적인 숫자는 사실 중요하지 않다. 그 분야에 대한 애정에 그치지 않고 책 한 권으로 풀어낼 만큼 아는 것을 말할 수 있는지 가늠해 볼 수 있는 평균 분량이다. 그러나 10만 글자만큼 말할 수 있다고 해서 모두 다 전문가라고 하기는 어렵다. 정제된 언어로 10만 글자를 쓰거나 말하려면 그보다 많은 분량의

지식과 지혜를 담은 문장에서 정수만 남겨둬야 한다. 알고 있는 것과 알고 있는 것을 말하는 것은 다른 역량이다. 혼자만 아는 것과 다른 사람도 잘 알 수 있도록 말하는 것은 분명 다르다. 가끔 어려운 내용을 쉽게 설명하는 사람들을 볼 때 진짜 전문가라고 인정하며 감탄한다. 쉽게 말한다는 의미는 상대가 가진 이해의 범위를 고려하여 눈높이 설명을 하는 태도를 갖춘 말하기다.

《공부란 무엇인가》에서 김영민 교수님은 "섬세한 언어야말로 자신의 정신을 진전시킬 정교한 쇄빙선이다. 자신의 세계를 확장하고 싶다면, 다른 세계를 가진 사람을 만나야 하고, 그 만남에는 섬세한 언어가 필수적이다. 언어라는 쇄빙선을 잘 운용할 수 있다면, 물리적인 의미의 세계는 불변하더라도 자신이 체험하는 우주는 확장할 수 있다"라고 말했다.

전문가일수록 어려운 내용도 쉽게 설명할 수 있다, 그렇게 하기 위해서는 비유와 이해를 돕는 사례, 내용을 증명할 증거나 논거 자료도 필요하다. 같은 단어가 반복되지 않도록 낱말을 조정해야 이해의 폭도 넓어진다. 내가 좋아하는 분야가 있다면 책 한 권 분량만큼 말할 수 있는지 실험을 해 보자. 100미터 달리기처럼 출발점에서 골인 지점까지 한 번에 다 뛰듯 말하는 것이 아니라 차근차근 내가 말할 수 있는 내용들을 쌓아 가자.

H대학교 교수학습지원센터에서 발표 코칭 수업을 할 때 몇몇

학생들이 메모 없이 말하기 어렵다는 고민을 털어놓았다. 대본을 만들고 읽거나 메모를 외울 준비 시간이 반드시 있어야만 발표할 수 있겠다고 했다. 앞에 서서 하는 발표가 떨려서일 수도 있지만 어떤 말을 어떻게 해야 할지 아직 체계가 잡히지 않아서 그렇다고 생각했다. 각자 좋아하는 분야나 전공 분야를 아우르는 산업 분야 하나를 정해서 보고 들은 소식이나 관련 책, 그 산업을 다룬 영화나 미디어 매체를 찾아 매주 한두 개의 사례를 그저 말하도록 했다. 말하기 연습은 질보다 양이다. 많은 말을 해 봐야 비로소 먼저 해야 할 말과 나중에 해야 할 말, 두 가지 사례를 말할 것인지 하나만 말할 것인지 결정할 수 있는 능력이 생긴다.

처음에는 쭈뼛쭈뼛 어색해하고 가끔은 조사해 온 자료도 힌트 삼아 보면서 말하던 학생들이 시간이 지나면서 자유롭게 말할 수 있게 되었다. 한 번에 다 외우기 어려운 통계나, 자료를 청중에게 보여 줘야만 이해를 도울 수 있는 그림이나 사진을 제외하고 자신이 보고 들은 내용을 막힘없이 술술 말했고, 사실 근거 외에 자기 생각도 덧붙여서 말하기 시작했다.

어떤 때는 대본 없이 하면 더 잘 말할 수 있는데도 대본대로 말해야 한다는 강박관념 때문에 그 대본의 줄글 안에 갇힌다. 자기 말이 사라지고 글자를 읊거나 읽는 정도밖에 되지 않는다. 단 몇 초 내에 방대한 분량의 논문을 정리하고 요약하는 인공지능 시대다. 분석하거나 정리된 자료를 내 식대로 말로 전할 수 있어야 한다. 아마도 앞으로는 공부한 자료를 바탕으로 이해했는지 말하도록 하는 구술시험이 강화될 것이다. 자료를 조사해서 쓰는 것은 이제 사람이 직접 다 하지 않아도 인공지능 서비스가 단 몇 초만에 더 잘한다. 자료 조사 정리는 인공지능으로 대체해도 충분하기 때문에 인간으로서 능력을 보여 줄 수 있는 것은 자신의 생각을 말로 전하는 일이다. 그러려면 말로 해 봐야 한다. 말할수록 생각이 정리되고 말하기 실력도 늘어난다. 각자의 전문 분야에서 정제된 언어로 책 한 권 분량을 잘 말할 수 있다면 인공지능 시대에도 살아남는 전문가가 될 수 있다.

8

말의 핵심은
한 문장으로부터 나온다

99

앞서 자세하게 말할 수 있어야 전문가라고 했다. 그보다 한 단계 더 위의 전문가는 그 10만 글자를 한 단어, 한 문장으로 요약할 수 있는 사람이다. 어떤 사람이 한 분야의 전문가로서 자기 일을 드러내야 한다고 가정해 보자. 상대가 10만 글자, 즉 책 한 권 분량을 바로 읽을 시간이 충분하고 그 정도로 말을 나눌 수 있을 만큼 자주 만날 수 있다면 가능하겠지만 현실은 녹록지 않다. 한 문장으로 말하고 그 말에 다시 한 문장을 더 할 수 있는 시간을 늘려가는 것이 설명도 설득도 잘하는 고수의 방법이다.

회사에서 보고하거나 발표하고 나서 질문을 하게 되면 자신이 방금 한 발표의 내용도 추려서 말하지 못하는 경우를 자주 본다.

프레젠테이션 심사위원으로 심사장에 들어가면 날카로운 질문을 할 때도 있지만 대개 부드러운 톤으로 발표를 잘 들었다고 말한 후 질문을 시작하는데도 발표자는 진땀을 뺀다. 다른 심사위원이 질문해도 마찬가지다. 준비한 내용을 외웠거나 일방적으로 쏟아내듯 말해 버린 후라면 더욱더 그랬다. 각자 열심히 준비한 대로 발표를 한 내용인데 왜 질문에 답변을 잘하지 못할까?

발표 후 질의응답 시간이 없는 경우는 드물다. 정부나 기업, 기관의 입찰 프레젠테이션에서도 질의응답 시간은 발표 시간보다 길다. 일상 대화에서도 일방적으로 말만 하는 경우는 거의 없다. 주고받는 말이 탁구공처럼 오가야 하는데 말하는 그 자체에만 에너지를 모두 소진해 버리면 다음 말을 이어 가지 못한다. 상대의 질문도 듣지 못하고 방금 자신이 한 말도 듣지 못했을 수 있다.

요약해서 말해야 힘이 실린다

———

나 역시 사회생활 초기에 추가 질문에 답변을 잘 못하는 사람 중 하나였다. 이제는 중요한 자리를 앞두고 준비 시간을 반드시 확보한다. 연습 방법을 바꿔 지금은 사회생활 초기 때와 비교해서 많이 좋아졌다. 이 방법을 만나는 분들에게 알려 드렸더니 나보다 더 빠른 속도로 좋아졌다. 5분 연설이든, 10분 발표이든, 한 시간 강연이든 무엇을 말하려고 하는지 핵심 문장 한 문장에서 말을 시작하는 것이다. 시간이 없어서 예정된 시간보다 말할 시간이 줄어든다는 설정으로 딱 한 마디만 할 수 있다면 어떤 문장을 말할 것인지부터 시작하자. 이후 '딱 한 문장'을 뒷받침하는 문장과 그 문장을 증명할 사례들, 다시 강조할 문장 등으로 뻗어 나가자. 한정된 발표 시간을 잘 못 맞추는 사람, 질문에 대해 동문서답하는 사람, 해야 할 말을 자주 잊어버리고 긴장하는 사람 역시 해야 할 말의 주제를 아우르는 첫 문장을 잊어버리기 때문이다.

한 문장으로 요약해서 말할 수 있어야 말할 내용에 힘이 실린다. 한 문장 다음에 구체적으로 설명하고 설득해야 말 흐름이 귀에 꽂힌다. 말하고 있는 모든 문장이 단 하나 그 핵심 문장을 향하고 있어야 한다. 말하다가 "제가 어디까지 말했죠?" 또는 "방금 무슨 질문이었죠?"라고 하는 이유는 자기 말을 들으며 말하지 않았기 때문이다. 한 문장에서 시작했다면, 그 문장을 그저 토씨 하나 틀리지 않고 그대로 발음해서 연습하는 것은 권하지 않는다. '한 문장'을 보충하고 부연할 수 있는 어휘들을 연습할 때마다 유사어로 바꿔 가면서 입 밖으로 소리 내 연습하자. 핵심 문장의 맥락을 이해하고 자연스럽게 외우게 된다. 한 글자 한 글자를 입에 외우는 것이 아니라 맥락을 이해하고 그 연결 내용들이 말로 나오게끔 하는 연습이다.

복잡한 내용일수록 단순하게 생각하면 어떻게 구성하여 말해야 할지 답이 나온다. 설명해야 하거나 외워야 할 내용이 많을 때, 자꾸 한 부분에서 실수하고 다음 말이 생각나지 않을 때 대전제가 되는 '딱 한 문장'을 떠올려 보자. 지금 하고 있고 해야 하는 말의 내용들은 모두 그 한 문장을 향하고 있다는 것을 잊지 말자.

가장 인상 깊었던 강연은 소설가 김홍신 작가님의 인문학 강연이다. 빔프로젝터나 영상 시각 자료 하나 없이 단상에서 한 시간 넘게 300명 청중을 집중시켰다. 지자체에서 주최하는 공개 강연이라 청중이 자리를 뜨는 것에 제한이 없었다. 참석료도 무료라 이전 다른 강연 중에는 청중이 중간에 자리를 뜨기도 했었다. 김홍신 작가님 강연 중에는 아무도 일어나지 않았다. 처음부터 끝까지 하나의 메시지를 다양한 사례들에 녹여내서 울렸다 웃기며 감동하게 했다. 흡인력 있는 말 자체로 강연 내용이 풍성해졌다. 무대 장치나 효과가 없었는데도 단상 하나뿐인 큰 무대가 김홍신 작가님 말씀과 감동한 청중의 박수 소리로 꽉 찼다.

김홍신 작가님의 강연을 본 이후에 나의 코칭 방법에도 변화를 주었다. 발표나 연설, 스타트업의 프레젠테이션 등 공개 자리에서 말할 기회가 생겨 연습하는 분들을 코칭할 때 적용했다. 마지막 연습 전에 준비한 자료 없이 말해 보라고 권한다. 반드시 표나 그림, 영상으로 보여 줘야 하는 자료가 있는 분은 적잖이 당황하지만, 발표 당일 현장 무대에 기술적인 문제가 생겨 시각 자료를 쓸 수 없게 된 상황이라고 가정하고 말하도록 이끌었다. 처음에는 당황했지만, 중간에 조금씩 더듬거리더라도 내용을 잘 전달한 사람이 있는가 하면 도저히 못 하겠다고 자료를 찾아 꺼내 든 사람도 있었다.

자료를 보지 못하면, 또 보여 줄 수 없게 되면 풀어서 설명하느라 말이 장황해지는 경우가 생긴다. 어떤 한 부분이 장황해졌다면 그 부분은 아직 말할 사람의 머릿속에 정돈되지 않았다는 증거다. 말이 장황하고 두서없어지면, 듣는 사람은 혼란에 빠진다. 그럴 때 역시 대전제인 '딱 한 문장'을 생각해야 한다. 상품 아이템을 소개하는 프레젠테이션이라면 이 제품을 한마디로 설명할 문장을 끝까지 놓치지 않아야 한다. 연설이라면 내 연설을 듣는 청중이 누구인지, 연설하는 행사의 목적과 취지를 잊지 않는 한 문장이 반드시 있어야 한다.

핵심 문장이 없는 말에는 상대를 집중시킬 힘이 없다. 중요한 날 말해야 하는 자리를 앞두고 있다면, 내가 할 말의 내용 중 '딱 한 문장'을 떠올리자. 전체를 아우르는 한 문장을 어떻게 말해야 할지 모르겠다면, 그날 내 말을 들은 사람들이 어떤 후기를 남겨주었으면 좋겠는지 상상해 보자. 그 말이 단 한 문장이 될 수 있다. 거기서 제대로 된 연습이 시작된다.

9
마음의 벽을
허무는 말들

"

축하만을 담아야 기쁨이 배가 된다

2월은 끝과 시작이 맞닿아 있는 달이다. 새해 계획들을 분주하게 세우고 지켜내느라 몸도 마음도 바쁜 시기다. 달력은 일찌감치 둘째 장으로 넘겼어도 학교마다 졸업식이 있는 달이라 여기저기서 분주함이 느껴진다. 기관과 기업의 인사이동이 마무리되거나 진행되고 있어 누군가는 제법 설레기도 한다. 다양한 끝과 시작, 시작과 끝이 있어 어수선한 분위기가 이어지는 그야말로 1년 중 축하와 격려, 환영의 말이 가장 많이 오가는 시기다.

　'어느 날 거짓말처럼 감당하기 벅찬 행복이 당신의 하루에 밀려

오기를.'

선배 성우의 SNS에 이 글귀가 올라왔다. 새로운 달이 시작되는 1일마다 늘 SNS로 연결된 지인들에게 용기를 북돋우는 글귀나 사진을 올리는 분이다. 이번에 올라온 그 글귀는 몇 번이고 다시 소리 내어 따라 읽었다. 감당하기 벅찬 행복이 당신의 하루에 밀려오기를 바란다는 문장이 뭉클함이 되어 파도처럼 밀려왔다. 소리 내어 따라 읽는데, 눈썹이 살짝 올라가고 눈이 커졌다가 반달이 되면서 이내 글귀처럼 그대로 되었으면 하는 마음을 보태게 됐다. 앞뒤 맥락 없어도, 꼭 내게 한 말이 아니어도 좋은 말은 좋은 하루를 만든다.

우리는 지난 몇 해 동안 팬데믹으로 거짓말 같은 시간을 보냈다. 저마다의 이유로 감당하기 벅찼다. 시간은 멈추지 않았지만 멈춘 듯했고 사람 사이의 연결은 끊어지지 않았지만, 느슨해져야만 했다. 다시 일상을 되찾은 지 오래지만, 말을 줄여야만 했던 시기, 만남을 자제해야 했던 시간 사이에 많은 변화가 생겼다는 것을 자주 느낀다. 마주하지 못했던 사이, 달라진 상황과 변화 속에서 어떤 말로 응원하고 격려할 수 있을까, 새로운 출발을 앞둔 이들에게는 어떤 말로 축하하는 마음의 농도를 짙게 전할 수 있을까. 어떻게 말해야 벅찬 행복이 밀려오길 바라는 서로의 마음을 잘 전할 수 있을까.

우선 졸업을 앞둔 학생들은 누구보다 힘겹게 공부했던 기간이었다. 미처 다 갖춰지지 않은 시스템 안에서 비대면과 대면 방식이 섞여 학습하기가 쉽지 않았다. 초중고등학교, 그리고 대학교를 졸업하는 학생들은 어느 때보다 아낌없는 격려와 축하가 필요하다. 축하 인사는 결과도 중요하지만, 무엇보다 노력한 과정에 대한 축하가 먼저다. 결과에만 매몰되어 과정을 살피지 못하다 보면 때로 섭섭함으로 또는 오해로 번지는 경우가 왕왕 생긴다.

"그동안 부모 등골 빼먹더니 이제야 합격해서 후련하겠다"라는 말은 하지 않느니만 못한 말이 아닐까. '등골 빼먹더니'라는 표현이 뭐 그리 잘못되었느냐고 할 수도 있지만 이 표현을 거침없이 쓸 수 있는 관계인지, 그래도 되는 사이인지 먼저 살펴야 한다. 축하는 온전히 축하만을 담아야 기쁨이 배가 된다. 오해가 들어올 틈이 없어야 한다. 단순히 "어느 학교로 진학했으니 축하한다"라는 말도 좋다. 하지만 결과만을 두고 축하하기보다 합격하기까지 버티고 겪어 낸 그동안의 수고와 노력을 높이 사는 한마디라면 더 좋겠다.

진심 어린 축하의 말은 앞으로 펼쳐질 날들을 향한 힘찬 걸음을 내딛게 한다. "무엇 무엇의 성과를 냈으니 축하한다, 어느 학교에 붙었으니 축하한다"가 아니라 그 학생 그대로 노력한 모습을 인정해 주고 축하하는 마음을 담는 것이 중요하다. "○○이(가) 고등학생(중학생, 대학생)인 동안 누구보다 열심히 한 걸 잘 알고 있어. 앞으로도 더 멋진 시간이 기다리고 있을 거라 믿는다"라는 말은 축하를 넘어 축복하는 마음이 담긴다. 합격 축하에는 앞으로 맞이할 미래를 축복해 주자. 당신의 마음을 축하와 축복으로 잘 담기 위해 조금만 살피면 어렵지 않다.

직장인이라면, 부서를 새로 옮기는 동료에게 그동안의 감사를 꼭 표현하면 어떨까? "덕분에 일을 수월하게 잘할 수 있었다", "어려운 업무를 할 때 도움을 주셔서 감사하다", "같이 업무를 하는 것만으로도 든든했었다"라는 말은 함께 있었던 시간에 대한 감사이자 찬사다. 새로운 업무를 맡아 같은 부서에서 처음으로 함께 일하게 된 동료에게는 "앞으로 잘 부탁한다"라는 기본적인 말만 하기보다 이렇게 표현해 보면 어떨까. "○○○ 씨와 함께 일하게 되어 기쁘다. 앞으로 우리 부서 일이 더 잘될 것 같다. 당신이 어려워하는 업무가 있으면 우리가 적극적으로 돕겠다" 등 같이 일하게 되어 기대하고 있다는 당신의 태도를 조금 구체적으로 담는 것이다.

모든 말을 이렇게 계획적으로 설계하고 살필 수는 없겠지만, 자주 볼 사이라면, 같이 일할 사이라면 꼭 챙겨야 하는 것도 있다. 직장 내에서라면 더 주의가 필요하다. 자기 말에 '성 인지 감수성 gender sensitivity'이 부족하지 않은지 점검해 봐야 한다. 예를 들어 여성 사원이 새로 발령받아 첫 출근을 한 날이라고 가정하자. '우리 사무실에 꽃이 들어왔다'든지, '칙칙했는데 분위기가 드디어 환해졌다'와 같은 물음표가 생기는 말을 듣거나 내뱉지는 않았는지 돌아보자. 또는 젊은 직원이 새로 온 상황에서도 '우리 부서가 회춘한다' 식의 표현은 반드시 삼가야 한다. 이미 많은 사람이 이런 말들이 잘못된 표현인 것을 알고 있다. 그런데도 뽑고 다시 뽑아도 자꾸 올라오는 잡초를 닮은 말이라고 생각한다. 이 불편한 말들은 아직도 주변에서 어렵지 않게 왕왕 들을 수 있다.

성 인지 감수성이 부족한 말은 말이 아니라 '칼'로 변한다. 듣는 당사자는 물론, 함께 있는 사람들까지도 불편하게 한다. 앞으로 업무 관계 역시 좋게 시작할 리 없다. 당연히 격려나 환영의 말에도 포함되지 않는다. 차라리 안 하느니만 못한, 선을 넘는 말일 뿐이다. 그럼 어떤 말이 좋을까? 일하는 사이, 업무 공간에서는 나이나 성별을 떠나 직무를 잘 해낼 능력치에 대한 기대와 환영이면 충분하다. 생각이 말로 전해지고 말이 상대에게 도달하기까지 수많은 간섭이 있다. 그 간섭을 넘어 진심으로 환영하고 축복하려면 상대 중심의 말이 될 수 있도록 한 번 더 고려하는 태도가 필요하다.

단언컨대, 이제부터는 조금 더 적극적으로 축하하고 축복하는 말을 표현하는 사람이 누구보다 행복한 봄을 맞이하게 되리라 확신한다. 우리의 찬란하고 따뜻한 봄을 위해 서로를 격려하고 환영하고 축복하기로 하자. 따뜻한 말 덕분에 따뜻한 봄이 더 빨리 올 지도 모를 일이다.

관계를 더 오래 이어 가게 하는 칭찬의 말

강의나 강연을 준비할 때 아주 가끔은 힘에 부칠 때가 있다. 연속되는 일정 때문에 이동 거리가 길어지면 지치고 피곤해져서 미리부터 겁먹을 때가 있다. 그때마다 나를 일으켜 세우는 것은 강의 후기에 섞인 칭찬이다. 지난주에, 석 달 전에, 작년에, 3년 전, 5년 전, 10여 년 전에 전달받은 후기에는 칭찬과 감사가 늘 담겨 있었다. 교육 담당 직원이나 강연 섭외자로부터 이번에는 어떤 반응이 있었다고 전달받는 내용에는 늘 따뜻한 말이 있었다. 상자 안에 어떤 선물이 들어 있을까 궁금해하는 어린이처럼 연단에서 내려오면 후기를 받기 전까지 긴장을 놓지 않은 채 천천히 훑어본다. 그 말씀들이 지금의 나를 만들었다고 생각한다.

학교에서 특강을 들으면 도시락도 제공해 줘서 도시락 먹으러 왔다가 삶에도 피가 되고 살이 되는 좋은 내용을 들었다고 말해 준 H대 여학생, 교육 담당자로서 처음 맡은 과정이라 걱정이 컸는데 장장 6개월이라는 기간 동안 좋은 성과로 잘 마친 덕분에 이번에 승진도 하게 되어 고맙다는 S기업 교육 담당자의 첨언, 막중한 임무를 맡게 되어 미디어 앞에서 어떻게 대처해야 할지 조금 막막했는데 촬영이나 인터뷰에 큰 도움이 됐다는 어느 장관께서 개인적으로 보내 주신 문자 인사, 과연 따낼 수 있을까 싶었던 입찰에서 프레젠테이션 잘 해낼 수 있도록 가르쳐 줘서 고맙다던 연세 지긋하신 기업 대표님의 인사도 기억난다. 힘겨운 일이 있을 때마다 나를 일으켜 세운 말들이다. 또한 환자들에게 늘 분만 전 호흡을 알려 주었던 산부인과 의사 선생님의 후기도 기억에 남는다. 그 분은 수백 명 앞에서 강연이나 발표를 하려면 떨렸는데 복식호흡이 도움된다는 걸 알게 해 줘서 고맙다는 인사를 전했다.

다시 살펴봐도 이런 피드백을 들을 수 있을 만큼 열심히 했는가 싶다. 말하는 사람으로 마이크를 잡고 짧게는 두 시간, 많게는 24시간 교육을 사흘 동안 혼자 이어 가야만 하는 일정일 때 다시 찾아본다. 사진을 찍어 둔 그 후기들은 휴대전화 사진첩 앨범에 따로 모아 두었다. 강의 장소에 도착해 숨 고르기를 할 때 꼭 한두 개 읽은 후 차에서 내린다. 다소 부담스럽거나 새로 설계해서 전달해야 하는 내용이라면 조금 더 들여다본다. 신기한 것은 보고 또 봐도 언제나 힘이 난다는 것이다. 개인적으로 받은 문자나 톡은 누가 그 말을 했는지 분명하지만, 수십 명 또는 수백 명이 모였던 강의장의 후기는 대체로 익명으로 수집되어 어느 분이 남긴 것인지도 알 수 없다. 그럼에도 그 말은 운전을 오래 해서 지쳤든, 잠을

통 못 자서 피곤하든, 그 날따라 유독 떨리든 내 컨디션과 마음가짐을 어떻게든 상승 곡선으로 끌어올리는 힘이 있다. 칭찬 한마디가 이렇게 그날 하루를 만들고, 그런 하루하루가 모여 한 달이 되고 1년이 되어 인정받는 경력을 갖게 된 것인지도 모르겠다는 생각이 들었다. 나도 좋은 영향력을 받았으니 강연할 때도 선한 영향력을 드리고 싶어서 소통 강의를 할 때 참석자들에게 '칭찬 샤워'를 하는 시간을 주고받도록 한다. 그럴 때마다 집중도도 올라가고 분위기도 좋아지는 결과를 얻는다.

"최근에 들었던 칭찬 중에 기억에 남는 것이 있으세요? 옆에 앉은 분들과 서로 잠시 얘기 나누시겠어요?"라고 말하면 5초쯤 어색한 침묵이 흐르다 여기저기서 "없어요!"하는 외침이 들린다. 나는 청중을 향해 다시 묻는다. "그럼, 최근 기억에 남는 칭찬을 누구에게든 해 주신 적은 있으신가요?" 앉아 있는 사람들은 대부분 다시 침묵의 시간을 갖는다. 이런 반응이 나오리란 것을 예상하고 던진 질문이었다. 어린 시절이나 학교에 다니던 때는 꼭 성적이 아니더라도 칭찬 들을 일이 꽤 있다. 그런데 슬프게도 어른이 되고 나면 다 배운 것 같아도 칭찬하는 법을 잊은 것처럼 그런 상황에서 웃어넘기거나 잘했다는 짧은 말로 지나가는 경우가 대부분이다. 어떤 행동이 있거나 일이 생긴 후에 칭찬하는 것이 순서이지만 칭찬하는 말 한마디라면, 비록 어떤 상황인지 몰라도 상대가 듣고 싶어 하는 칭찬이라면 분명 효과가 있다. 좋은 말을 하는 자신과 상대의 기분이 좋아지는 것은 기본이고, 사람 사이 관계가 부드러워지고 일도 조금 더 쉬워질 수 있다. 칭찬을 늘 자주 주고 받는 사이라면 익숙하겠지만 일도 바쁘고 하루하루 버티는 사람 들에게 칭찬 한마디가 때로 보약 같다.

　칭찬은 강력한 힘을 가졌다. 타인의 행동, 성장이나 성과에 대해 느낀 긍정적인 마음을 표현하는 말이다. 만약 아무도 해 주지 않 는다면, 하루 일과를 마치고 샤워하는 시간에 스스로에게 칭찬하 는 말을 해 주자. 혼잣말이라도 입 밖으로 말하면 내가 듣는다. 오 늘 잘 해냈다고, 잘 버텼다고, 좀 멋있었다고 스스로 말하는 것도 칭찬이다. 그야말로 진짜 '칭찬 샤워'가 되겠다. 자신을 칭찬할 수 있어야 남도 칭찬할 수 있다. 칭찬은 내가 나와 잘 지낼 수 있는 동 기이자 다른 사람과의 관계도 더 오래 이어 가게 하는 가장 좋은 말이다.

　하버드대 류쉬안 심리학 박사는《성숙한 어른이 갖춰야 할 좋은 심리 습관》이란 책에서 다른 이에게 진심을 다해서 칭찬하는 만 큼 자신에게도 보듬는 말이 필요하다고 강조했다. 심리학에서는 '자기 자비Self-Compassion'라고 일컫는데 자신의 감정을 달래고 스스 로 명확하게 이해하는 데 도움이 된다고 설명했다. 해군 심리 연 구보고서를 예로 들어 훈련 테스트를 할 때 병사들에게 "넌 할 수 있다"는 긍정의 자기 대화를 2인칭 화법으로 말하도록 하자 병사들의 테스트 통과율이 상승했다고 한다. 거울을 보고 내 자신에게 건네는 긍정적인 말은 우울증을 겪고 있는 사람에게 치료법으로도 사용된다.

드라마 〈정신병동에도 아침이 와요〉에서 주인공 정다은(박보영 배우)은 담당하던 환자의 자살로 급성 우울증을 앓게 되면서 보호 병동에 입원하게 된다. 극 중에서 대학병원 정신과 간호사인 자기를 몰라보고 정신과 환자 취급한다고 현실을 인정하지 않았지만 시간이 지나면서 자신의 병을 인정하고 치료를 적극적으로 받는다. 다은은 주치의와 상담에서 행복해지고 싶다고 말한다. 그동안 넘치는 배려로 자신을 잃고 살아온 다은에게 주치의는 칭찬 일기를 써 보라고 권한다.

"자기 자신을 칭찬해 주는 거죠. 아주 사소한 거라도 좋아요. 생각나는 대로 적어 보세요"

다음은 다은의 독백이다.

'남에게 다른 생각을 말할 수 있게 된 나를 칭찬했다.'

'실내화를 가지런히 놓은 것도 칭찬했다.'

'그런 칭찬을 하는 나 자신을 또 칭찬했다. 남에게 받는 칭찬보다 스스로 칭찬할 때 더 뿌듯하다는 것을 알게 됐다. 아침이 오는 것이 점점 더 즐거워지기 시작했다.'

칭찬은 쾌감과 행복감을 느끼게 하는 도파민 분비를 증가시키고 칭찬을 받으면 보상과 관련된 뇌 영역인 선조체가 활성화된다. 또한 정신적 이완과 편안함을 느끼게 하는 알파파를 증가시킨다고 알려져 있다. 칭찬 일기나 혼잣말 칭찬은 혼자 보고 듣기 때문에 조금 서툴러도 괜찮다. 다른 이에게 건네는 칭찬을 말로 잘 표현하려면 다음 세 가지 기준을 살펴 말하자.

첫째, 구체적이고 진솔한 칭찬일수록 감동의 크기가 크다. 칭찬할 때 자주 놓치기 쉬운 것은 행동이나 일의 결과만 보는 시선이다. 구체적인 행동이나 노력을 언급하며 표현하는 것이 중요하다. 칭찬의 말인 줄 알았는데 듣기에 따라 애매모호하다면 칭찬이 아니다. 구체적인 칭찬과 진솔한 태도가 칭찬의 가치를 높인다.

둘째, 말하는 시점과 의도를 전하는 말투도 중요하다. 직장 내에서라면 성과를 이룬 직후 또는 노력을 기울이고 있는 과정 중에 칭찬하는 것이 적절하다. 너무 성급하게 칭찬하거나 한참 지난 뒤에 하는 표현은 칭찬의 농도가 약해진다. 예를 들어 어떤 업무를 맡기면서 동료에게 건네는 두 가지 말을 비교해 보자. '○○'에 자신의 이름을 넣어 읽어 보자. 어떤 느낌이 드는가?

A : 이번 프로젝트는 ○○ 님이 잘 이끌어서 결과가 좋았어요. 이번에도 잘 해내리라 믿기 때문에 다음 프로젝트도 또 맡아 주면 좋겠어요.

일이 많은 것은 알지만 할 사람이 또 없기도 하고요.

B: 이번 프로젝트에서 ○○ 님이 없었으면 어쩔 뻔했어요. 다른 사람 없이 혼자서도 잘 할 수 있겠던데요? 이번에도 잘 해내서 실력을 좀 더 보여 주시죠?

A는 칭찬과 동시에 부탁하고 있다. B는 칭찬인 듯 칭찬 아닌 칭찬 같은 비꼬는 말로 들리지 않을지 혼동되는 말이다. 이런 말을 들으면 칭찬이 아닌 부담만 생기지 않을까? 설령 B가 그럴 의도가 전혀 없었다고 해도 다른 뜻으로 전달된다. 영화 〈인사이드 아웃 2〉에서 '비아냥의 대협곡'을 건널 때 오해의 틈이 생기는 것과 같다. 말의 내용이 고스란히 전달되려면 말투 역시 중요하다. 말은 내뱉은 순간부터 온전히 내 것만은 아니다. 칭찬에 선한 의도만을 담아야 그 의미가 더 투명해진다. 칭찬에 다른 의도를 넣지 않아야 한다. 순도 100퍼센트 칭찬을 잘하려면 연습이 필요하다. 그 말을 내가 들었을 때 기분이 어떨지 한 번만 생각해 보고 말하면 실수를 줄일 수 있다.

셋째, 칭찬을 들을 사람의 특성을 고려해야 한다. 개인의 성격이나 가치관 문화적 배경 등을 고려해서 말해야 한다. 개인마다 선호하는 칭찬 방식이 다를 수 있다. 외모 칭찬을 하는 것보다는 옷을 입은 감각에 대해 말하거나 잘 어울린다고 표현하는 쪽이 더 부드럽다. 행동 자체를 칭찬하는 것도 좋지만 그 행동을 하기까지 미리 헤아린 마음 씀씀이를 칭찬하는 것이 상대의 마음에 기분 좋은 파장을 일으킬 수 있다. 칭찬이 쉬우면서도 어려운 것은 글로 적었을 때보다 어떻게 말로 표현하는지에 따라 결이 달라지기 때문이다.

C : 식당 잘, 골랐네.

D : 식당 잘 골랐네?

E : 식당 잘 골랐네!

자주 만나는 사이더라도 문장 부호를 어떻게 표현하느냐에 따라 의도가 달리 해석된다. 나는 분명 칭찬을 한 것인데 상대가 시비를 거느냐 따져 묻는 일이 종종 있다면 칭찬 화법을 제대로 구사하지 못한 것이다. 모든 말은 그래서 연습이 필요하다. 특히 자신이 좋아하는 유명인을 닮았다고 말하는 칭찬은 삼가는 것이 좋다. 듣는 상대는 그 유명인을 모를 수도 있고, 때로 개인적인 이유로 호감도가 낮을 수 있다. 칭찬한다고 말했다가 괜히 더 어색해질 수도 있다. 또한 비즈니스 관계나 공식 석상에서 외모를 언급하는 일은 크게 실례가 될 수 있다. 흔히 거리낌 없이 쓰는 표현 중 여성의 외모만을 부각시킨 뉴스의 헤드라인을 보면 조금 씁쓸하다.

주목받을 만큼 아름다운 외모를 때에 따라 언급할 수도 있겠지만, 그보다 능력이나 실력을 칭찬하는 말을 빠뜨리지 않는다면 듣는 사람도 무안하지 않을 것이다.

여러 기업의 프레젠테이션이 있던 날이었다. 투자 유치를 앞둔 기업들이라 어느 때보다 선의의 경쟁이 치열했다. 연속 발표가 끝나고 식사를 함께하는 자리로 이어졌다. 모두가 몇 달에 걸쳐 준비한 중요한 날이었고, 서로 수고를 격려하는 식사 시간으로 이어졌다. 유독 한 사람만 입을 열 때마다 분위기가 어색해졌다. 한 테이블에 있는 여성 대표에게 "이렇게 아름다운지 몰랐습니다. 여신 같아요"라고 했고, 건너편에 앉은 다른 이에게는 "그래도 당신은 더 젊으니 여신이 아니어도 오늘 이겼습니다"라고 보탰다. 프레젠테이션에서 가장 좋은 성과를 낸 다른 기업인에게는 "언제 이렇게 준비를 잘했습니까? 내가 도무지 따라가지 못하겠어요. 잠도 안 자고 준비만 하신 거 아니에요? 어쩐지 오늘따라 다크 서클이 진하시더니"라고 말했다. 같은 테이블에 앉아 있던 나까지 얼굴이 빨갛게 됐다. 대체 저 사람은 어떤 의도로 저렇게 말하는 것일까, 앞 접시에 있는 스테이크나 썰지, 헛소리가 아닐까 싶은 말을 겁 없는 무사같이 휘두르고 있었다. 아니나 다를까. 그 테이블에서 한두 명씩 서둘러 식사를 마치고 다른 테이블로 자리를 옮겼다. 말을 칼로 쓴 이는 어쩌면 사람들과 친해지고 싶어 건넸을지도 모르겠다. 하지만 너무 서툴렀고 분위기는 어색해졌다.

청룡영화제에서 30년 동안 사회자로 선 배우 김혜수 님은 마지막 사회를 보는 날 메이킹 필름에서 사회자 대본을 받고 어떻게 준비하냐는 질문에 이렇게 답했다.

"대본을 받으면 특정 외모를 지칭하는 말들은 영화를 준비하거나 영화 속에서 표현하고자 했던 역할을 설명하는 말로 대체해요. 그것은 매우 중요해요. 저는 꼭 그렇게 바꿔서 말합니다."

나는 다시 한 번 무릎을 쳤다. 꽤 여러 번 영화제를 시청했는데 그때마다 물 흐르듯 자연스럽게 진행하는 그의 말솜씨에 감탄했었다. 사람을 표현하는 일을 하는 배우들의 외모는 모두 개성 있고 멋지고 아름답다. 자칫 그 외모에 가려져 연기로 표현을 해내기 위한 노력이 바래지 않도록 사회자로서 진심을 담아 응원하고 있었던 것이 아닐까. 그의 마음이 유독 더 빛나는 순간이었다. 그러니 30년 동안 청룡의 마이크를 잡은 사회자로 꾸준하게 사랑받고 있는 배우인 것은 너무도 당연했다.

지역 커뮤니티에 글을 올렸었다. "살면서 들어봤던 최고의 칭찬 한 마디가 있으세요? 요즘 칭찬을 들을 일이 없어서 그런지 칭찬이 너무 고픈 요즘입니다"라는 글을 올린 지 하루 만에 댓글 수십 개가 달렸다.

- 안타깝게도 최고의 칭찬이 제 기억에 없지만 오늘은 누군가에게 최고의 칭찬을 해 주기로 다짐해 봅니다.

- 저는 부모님이요. 어렸을 때부터 마흔이 넘은 지금까지도 '내 딸 역시 최고다!' 귓전에 맴돌 만큼 익숙하게 들어서인지 늘 자신감만은 넘치게 사는 것 같아요. 제 아이들에게도 그런 부모가 되려고 해요.

- 전업주부만 하다가 취업이란 걸 처음 해 봤는데 '직장 생활했던 사람처럼 잘하네'라고 들었어요. 별것 아니지만 출근이 두려운 저를 6개월째 다니게 하네요.

- 초등학교 5학년 때 담임 선생님께서 방학 숙제를 내셨는데 반 아이들 중 저 혼자만 했더랬죠. 그 선생님께서 저에게 '넌 뭐든지 잘 해낼거야!'라고 하셨어요. 그것이 인생 전반에 큰 영향을 주었답니다! 참 귀하고 소중한 칭찬이었어요.

- 아이가 초등 저학년 때 담임선생님과 문자를 주고받던 중에 '아이 정말 잘 키우셨다!'라고 말씀해 주신 게 저에게 정말 최고의 칭찬이었습니다.

- 전 남 앞에 서서 발표하는 것에 대한 두려움이 큰 사람이었어요. 대학교 조별 수업에서 발표를 맡았을 때 교수님께서 발표 내용보다도 발표자가 너무 발표를 잘했다고 발표가 A++이라고 크게 칭찬을 해 주신 게 인생의 전환점이 됐어요. 두려움과 별개로 나는 발표를 잘하는 사람이라는 자아상이 처음으로 확립됐거든요.

- 그러고 보니 칭찬에 목 말라 있다는 생각이 드네요. 특히 남편으로부터 칭찬받고 싶다고 생각하다 보니 남편도 그러겠구나 싶네요. 오늘부터 칭찬 좀 하고 살아야겠어요.

- 댓글들 읽는데 너무 좋아요. 기분이 좋아졌어요.

일의 태도를 만드는 응원의 말

———

"얼굴만 봐도 힘이 나요!"

아는 사이에 직접 얼굴 보고 말하기에는 3초쯤 서로 오글거릴 수도 있는 말이다. 난이도를 조금 더 높여 보자.

"당신은 보물 같은 존재예요."

이 말을 해 줄 수 있는 사람이 곁에 있는가. 있다고 해도 직접 말로 전한 경험이 있는가? 생각보다 많지 않을 것 같다. 말하기에 쉽지 않지만 들으면 좋을 이 말들은 2023년도에 이탈리아와 세르비아 재외공관(대사관)에서 동료들끼리 직접 주고받도록 했다. 해외에서 일하는 대사관 주재 직원들을 대상으로 소통 워크숍을 운영할 때 '공감 커뮤니케이션'을 주제로 강연하러 직접 그 나라를 방문했다. 그때 강사의 사례만 말하거나 이론만 담기에는 '진짜 소통'이 이루어지지 않을 것 같아서 진행 방식을 참여형으로 제안했다.

강연 후 실습 시간에 40개의 문장 카드를 펼쳐 놓았다. 이 카드들은 출국 전에 미리 준비해 갔다. 그저 좋은 말이 아니라 사전 조사를 통해 주재하고 있는 외교부 직원들이나 현지 직원들이 업무를 수행하는 데 있어 어떤 어려움이 큰지 사전 전화 조사를 통해 뽑아낸 말들이었다. 수식어나 부사를 활용해 말이 더 와닿을 수 있도록 조정해서 문장 카드를 준비했다.

"얼마나 고생이 많으셨어요!"

"제가 도울 일이 있으면 언제든지 말해 주세요."

"그럴 수도 있죠, 속상했겠네요. 충분히 이해해요."

"처음에는 다 그럴 수 있어요. 괜찮아요."

"역시!"

"충분히 잘하고 있어요."

"어려운 상황이었는데 잘 적응해 줘서 기뻐요."

"배우고 싶은 점이 정말 많습니다."

"안 계시면 안 되는 것 아시죠? 늘 도와주셔서 든든해요."

각자 듣고 싶은 문장 카드를 고르고 앞에 나와 보여 주면, 동료 직원들이 그 문장을 다같이 한목소리로 전하는 시간을 마련했다. 왜 그 말을 듣고 싶은지, 그 문장을 고른 이유는 무엇인지는 합창과 같은 목소리를 들은 후에 따로 소통하도록 했다. 아무 맥락도 모르고 듣고 싶은 말부터 해 주도록 한 것이다. 먼저 말해 주고 이유는 나중에 듣는 방식으로 소통 게임을 이어갔다. 몇 분은 뭉클하다면서 눈물을 보이기도 했다. 이유를 모르고 해 준 말인데도 듣고 싶었던 응원과 격려의 말은 마음을 움직이고 다독이고 어루만졌다.

인도 대사관까지 더해 세 개 공관에서 모두 같은 방법으로 진행했는데 한 분도 빠짐없이 좋은 시간이었다는 피드백이 나왔다. 다음과 같은 피드백을 직접 듣기도 하고, 메시지로 받은 나 역시 준비한 보람을 제대로 느낄 수 있어 뿌듯했다.

- 워크숍 이후로 얼굴 볼 때마다 그때 서로 말해 준 문장들을 기억했다가 들려주곤 합니다. 저희 대사관 문화가 되었어요. 정말 감사합니다.

- 그 말이 왜 듣고 싶은지 설명하지 않았는데도 밝은 표정으로 다들 같이 말씀해 주시니까 진짜 뭉클하더라고요. 여기로 발령 받은 지 얼마 되지 않아 낯설고 힘들었는데 제 편이 많이 생긴 것 같아요.

- 큰 행사 치르고 다들 힘들어했는데 한마디가 정말 효험이 있긴 하네요. 일하면서 서로 불편했던 것들이 있었을 텐데 칭찬을 조금씩 섞어서 말하는 습관이 생겼습니다. 감사합니다.

- 같은 대사관에 근무해도 하는 업무가 달라서 얼굴 보기 힘든 분도 있었는데 이렇게 냅다 칭찬부터 하고 나니 앞으로 친해질 수 있을 것 같고요. 업무 협조도 잘 요청할 수 있을 것 같습니다.

유튜브에서 재즈 연주나 계절 음악, 상황에 어울리는 음악들을 모아 둔 플레이리스트 채널들이 있다. 음악도 좋은데 댓글은 더 좋다. 응원과 격려를 나누는 댓글 문화가 음악만큼 아름답다.

"이 노래를 듣는 순간만큼이라도 들으시는 분들 모두 행복하셨으면 좋겠습니다."

놀랍게도 한두 개의 댓글에 그치는 것이 아니라 서로 모르는 사람들이 비슷한 응원을 남겨 두었다. 플레이리스트 여러 곳에 이렇게 아름다운 댓글로 쉽게 확인할 수 있다. 댓글에 댓글로 서로를 응원하기도 한다. 응원하는 말을 하거나 글로 남기면 상대를 위해서 마음을 쓰기도 하지만 그 예쁜 말을 하는 자신이 가장 먼저 듣는다. 응원과 격려를 나누는 자신도 응원하는 장면에 같이 들어가게 되는 것이다.

일이 서툴고 적응이 어려운 동료가 있다면 잘하고 못하는 내용을 지적만 하는 것보다 응원 한마디를 먼저 꺼내자. 어려운 업무 적응을 돕는 동기로 작용할 수 있다. 하루 일과를 마치고 집에 돌아오는 가족에게 왜 이리 늦었냐고 타박하기보다 오늘도 수고했다고 격려해 주자. 직접 포옹하지 않아도 따뜻한 응원의 말로 지친 마음을 안아 줄 수 있다.

말하기 코칭을 배우는 분들을 처음 만나면 반드시 전하는 말이 있다.

"꾸준하게 참석해서 연습하는 게 얼마나 어려운 일인지 알고 있습니다. 잘 오셨어요."

"오늘 발표는 완벽하지 않아도 됩니다. 완벽하려 하면 머리만 아프고 가슴은 더 콩닥거리니까요. 완벽이 아니라 준비한 내용만 완전히 다 말씀하시도록 돕는 게 목표입니다."

기관에서, 대학에서, 기업에서 만난 분들은 이 말이 큰 힘이 되었다고 후기를 남겨 주었다. 응원과 격려는 "힘내세요" 말고도 상황에 맞게 응용해서 다양하게 활용할 수 있다.

한참 일도 벅차고 건강도 힘들었던 시기에 들었던 남편의 말도 떠올랐다. 평소에 공감보다 사실을 우선해서 말하는 스타일이었는데 그날따라 유독 내가 안쓰러웠나보다. "있잖아. 노후 준비를 다 해 놓았으니까 당신은 하고 싶은 거 즐기면서 다 해"라고 말했다. 결혼기념일 즈음 들은 말은 그 어떤 선물보다 든든했다. (말하는 톤도 좀 다정하게 말했더라면 바로 감동하며 들었을 텐데 처음에는 다소 무뚝뚝하고 건조하게 말해서 무슨 뜻인지 못 알아 들었다. 남편의 말은 듣고 난 다음에 3초쯤 생각해야 농담인지 진담인지 구분된다!) 노후를 응원하며 현재를 격려하는 그 말이 진짜인지 아닌지 더 확인하지 않았다. 앞으로 서로 잘 보듬으면서 더 잘 살아야겠다는 동기가 되었으니 그걸로 충분하다. 금전적인 노후 대비가 아니어도 이 정도 말이면 꼬부랑 할머니가 되더라도 한 번쯤 허리 펼 수 있는 말이 아닐까. 가족이 아닌 사이라면 응원과 격려가 일의 속도와 일하는 사람의 태도를 결정짓기도 하니 쑥스럽더라도 말의 힘을 빌리자. 응원은 생각보다 힘이 세다.

슬픔을 덜어 내는 위로의 말

—

슬픔은 없어지는 게 아니라 옅어지도록 돕는 것

드라마 〈정신병동에도 아침이 와요〉에서 유독 기억에 남는 장면이 있었다. 아들을 잃고 힘들어하는 아버지를 위로하는 수간호사를 배우 이정은 님이 연기했다. 병원 앞 공원 벤치에서 아들이 입원해 있던 병원 건물을 물끄러미 바라보는 아버지 옆에 아무 말 없이 거리를 두고 가만히 같이 있어 준다. 밤사이 시간이 지나면서 각자 다른 벤치에 앉아 있던 거리도 조금씩 좁혀지고 이윽고 같은 벤치에 앉아 위로를 전한다. 드라마 연출을 정말 잘했다고 생각했다. 때로는 아무 말 없이 힘든 시간을 같이 견뎌 주는 것만으로도 슬픔을 위로할 수 있다. 어떤 말로도 위로가 되지 않을 때, 슬픔의 깊이를 차마 가늠하기조차 어려울 때 힘내시라는 말보다 더 큰 위로가 될 수 있다. 하지만 모든 사람이 언제나 같이 있어 줄 상황이 안 되는 날이 더 많다. 축하 인사는 때를 놓치더라도 조금 지나서 그 일을 언급하며 말할 수 있지만 슬픔은 시간이 지난 후 다시 입에 올리기 어렵다. 슬픔의 유효 기간은 짧을수록 좋기 때문이다. 그래서 모든 위로는 늦지 않게 최대한 예를 갖춰 하는 것이 중요하다.

팬데믹으로 거리 두기를 한참 엄중하게 지키던 때였다. 알고 지내던 분이 부친상을 당했다. 당시에 집합 인원 제한도 있던 터라 직접 조문하기 어려웠다. 부의금을 보내면서 따로 슬픔을 위로할 문장을 고민했다. "마음으로 손 잡아 드려요. 그동안 아버님 병 간호하시느라 고생하신 시간들을 아버님도 고마워하실 겁니다. 기도하겠습니다"라고 메시지를 보냈다. 한참 지나고 장례를 잘 치렀다는 연락을 받았다. 병원에 입원 중이신 아버지를 직접 간병하면서 일해야 했던 어려움을 내가 알아줘서 왈칵 눈물이 났고, 그 말 덕분에 잘 보내 드렸다고, 정말 힘이 되었다고 말했다. 애도 상황에서 가장 기본적으로 '삼가 명복을 빕니다'라는 말을 전한다. 그런 통상적인 말보다 진하게 마음을 위로받았다고 했다. 애도하는 마음도 조금만 말을 다듬어서 전하면 위로의 마음이 더 잘 전해질 수 있다.

가족이나 가까운 사람을 먼저 떠나보낸 슬픔에 비할 수 없지만 생활 속에서도 여러 가지 위로가 필요한 상황들이 있다. 남에게 건네는 위로도 정말 소중하고, 스스로 자신에게 건네는 위로도 필요하다. 하루하루가 버텨 내야 할 짐처럼 힘든 사람에게는 다른 이를 위로할 겨를이 생기지 않는다. 모두가 상대를 어루만지는 여유가 있고 그 마음을 바탕으로 진심 어린 위로를 할 수 있다면 좋겠지만, 현실은 녹록치 않다. 차갑다는 말을 자주 듣는가? 찔러도 피 한 방울 나오지 않을 것 같다는 매정한 얘기를 들은 적이 있는가? 그렇다면 자기 자신을 먼저 위로해 주자. 남을 위로할 때보다 더 껄끄럽고 쑥스럽다면 내가 가장 듣고 싶은 말을 종이에 적어 보자. 지금 읽고 있는 책 귀퉁이에 적어도 좋다. 그리고 천천히 한 글자씩 그 글자들을 바라보자. 긴 문장이 아니어도 좋다. 내가 듣고 싶은 한 문장이면 충분하다. 조금 더 용기를 낼 수 있다면, 작은 목소리라도 괜찮으니 듣고 싶었던 말을 나지막하게 읽어 보자. 내가 내게 들려주는 위로는 발음이 정확하지 않아도 되고 목소리가 또렷하지 않아도 된다. 이미 그 말은 마음속에 맴돌고 있다. 나를 위로할 수 있는 사람이 남의 마음도 어루만져 줄 수 있고, 다른 이의 슬픈 소식에 진심으로 애도할 수 있다.

유튜브에 위로 메시지만 편집해서 이어 붙여놓은 영상이 있다. 이미 알고 있는 드라마나 영화 속 대사이기도 하고, 처음 보는 장면들이 명대사 부분만 이어진다. 신기하게도 드라마 속 앞뒤 맥락을 보지 않아도 그 위로가 담긴 한 두 문장에서 뭉클해지며 마음이 촉촉해진다. 어떤 말로 해야 할지 모르겠다면 그 영상들 속 대사에서 힌트를 얻어도 좋다.

결이 다른 진짜 위로

남 앞에 서는 일을 자주 하다 보니 옷장에 옷은 가득한데 대부분 편한 옷보다 행사용 정장과 원피스가 많은 편이다. 한두 번밖에 못 입었거나 그 후로 살이 올라 입지 못한 옷들이 많아서 고이고

이 보관만 하고 있었다. 마침 친한 후배가 집 가까이에 이사 왔다. 20년 전이나 지금이나 여전히 날씬했다.

　오랜만에 만나는 날, 후배에게 잘 어울릴 만한 옷을 꽤 여러 벌 챙겨서 나갔다. 걸어만 두고 입지 못해 아까운 옷을 잘 정리해서 계절이 바뀌기 전에 날씬한 후배가 나 대신 잘 입어 줬으면 싶었다. 옷을 챙기면서도 새 옷이 아니라 어떻게 받아들일지, 잘 입어 줄지, 괜한 오지랖인지 마음이 오락가락했다. 좋아하는 스타일일지 아닐지 한 벌 두 벌 차곡차곡 챙길 때마다 걱정의 부피도 커져 갔다. 약속을 취소할까 잠시 고민하기도 했지만 달라고 한 적도 없는데 주기로 했다가 주지 않는 것은 더 이상할 것 같았다. 그나마 일정이 서로 바빠서 딱 옷만 전해 주고 올 수 있게 되었다. 십수 년 전이나 지금이나 자기 할 일 똑 부러지게 하며 딸도 예쁘게 키우고 있어서 그저 응원하는 마음이 잘 전해지길 바랄 뿐이었다. 고맙다며 옷을 받아 든 후배에게 그날 저녁 문자가 왔다.

　"언니 옷은 지퍼가 유독 길어요. 몸에 딱 맞고 신축성 없는 옷들이 대부분 지퍼가 길더라고요. 그 옷을 입고 하루 종일 몸을 긴장한 채 일했을 언니를 생각하니 언니의 시간을 떠올리게 되었어요."

　어떤 위로보다도 마음을 울리는 말이었다. 식탁에서 후배의 메시지를 읽다가 이내 눈물이 그렁그렁해졌다. 그때까지 하나하나 다 말할 수 없었던 내 노력과 수고를 보듬어 주는 말이었다.

모르는 사이에도 위로는 힘이 세다

아는 사이가 아니어도 위로의 농도는 짙을 수 있다. 나는 가수 옥상달빛이 진행한 MBC 라디오 밤 10시 프로그램 〈푸른 밤 옥상달빛입니다〉를 빼놓지 않고 듣던 애청자였다. 격주 수요일마다 진행한 지자체 인문학 강연 콘서트 행사의 사회를 3년 연속 맡았던 때는 운전하며 들었다. 일이 끝나는 시간이 늘 밤 9시를 넘겼고, 다시 한 시간 정도 운전해서 집에 돌아가야 했다. 귀갓길 옥상달빛의 따뜻한 목소리와 위트 있는 사연 소개 덕분에 '지친 하루의 끝, 위로의 시작'이 되었다. 어느 날 조금 힘든 날 문자 사연을 보냈다.

"오늘 좀 큰 무대에서 사회를 봤는데 오래 해 온 일이지만 오늘은 어쩐지 힘에 조금 부치네요"라고 털어놓았다. 사연을 소개하던 옥 디스크와 달 자키가(청취자들이 진행자를 부르던 애칭) 한목소리로 말했다. "아고… 얼마나 힘들었을까… 지금 몇 시예요. 헉? 이제 끝났어요? 진짜 고생했어요. 사람들 앞에 서는 게 얼마나 에너지가 들어가는 일인데…."

이날 하마터면 갓길에 차를 세울 뻔했다. 내가 좋아하는 일이라고만 생각해서 그동안 애쓰고 준비한 노력을 나조차도 당연하게 여기고 진지하게 생각해 보지 않았었다. 나도 내게 건네 본 적 없는 따뜻한 말을 혼자 운전하는 차 안에서 스테레오로 들으니 추웠던 날씨에 어깨에 둘러 주는 담요처럼 느껴진 말이었다. 옥상달빛은 위로의 아이콘이 맞다!

위로는 또 다른 위로로 전파된다. 그 후 같은 무대에서 사회를 보던 어느 날, 객석에 있던 청중이 질문을 했다. "오늘 제가 여기 올까 말까, 진짜 고민 많이 했는데 어차피 다 모르는 분들이니 고민을 좀 털어놓을게요"라며 거침없이 개인 고민을 해결하고 싶다고 마이크를 잡았다. 가족과 개인사에 관한 이야기를 해 주셨는데 내용이 정말 절박하다고 느껴졌다. 사회자는 사회자일 뿐, 대답은 강연자가 해야 했다. 하지만 당일 강연자의 대답만으로는 그분의 고민이 다 해결될 것 같지 않았다.

"오늘 강연에 이어 삶을 대하는 태도에 관해 우리 모두 생각할 수 있게 질문해 주셔서 고맙습니다. 어려운 이야기인데 용기 내서 해 주셨네요. 오늘은 고민하는 밤이 되겠지만 주무시고 일어나면 마음이라도 조금 가벼워지시길 바랍니다."

질문하느라 용기 낸 그 마음에 감사를 표현하고 문제가 빨리 해결되길 바라는 위로를 전했다. 한참 지나서 우연히 어떤 블로그에서 그분이 쓴 것으로 추정되는 글을 보았다. 행사 사진을 찍은 위치의 각도나 그날 참석한 사람만 알 수 있는 내용이 담겨 있어서 질문하신 분이 맞겠구나 생각했다. 사회자 연락처를 알 수 없어서 자신의 블로그에 쓴다며 내게도 감사의 글을 남기셨다. 위로가 닿은 인연이었다.

모두를 반겨 주는 환영의 말
—

처음 만나는 사람과 말해야 할 때 어설픈 스몰 토크대신 만나기까지의 수고를 알아주는 말만으로도 상대를 웃게 만들 수 있다. 짧은 시간 특강이 아닌, 비교적 긴 시간 강의를 맡게 될 때 꼭 확인하는 것이 있다. 학습자들이 며칠째 교육을 받고 있는지, 내가 강의하는 앞뒤로 어떤 주제의 강의가 배치되어 있는지, 교육생 입장에서 내 강의 순서가 언제인지 재차 확인한다. 가끔은 집요하게 물어보는 질문에 교육 담당자가 당황하기도 하지만 나중에 이렇게 묻는 이유를 알고 나면 고마움을 회신했다.

내가 준비한 강의의 기승전결이 있듯 학습자들도 전체 연수원에서 진행되는 연속 일정 중에 기승전결이 있기 마련이다. 개인적으로 가장 어려워하는 순서는 중간쯤 배정되는 강의 시간이다. 점심을 먹고 난 직후의 강의나 전체 교육 일정 중에 중간 날짜 지점에 있는 강의가 상대적으로 어렵다. 학습자들의 참여도가 평균 이상이라도 해도 점심시간 직후라면 나른해지기 쉬워서 '깨우는' 말들로 강의를 시작해야 한다. 기간 중 중간 날짜에 배정되면 앞에 다녀간 다른 강사들과 '좀 다른' 말을 해야 한다. 어느 순서든 다 어렵고, 준비도 철저하게 해야 하지만 이런 이유들로 나는 중간 날짜에 배정받으면 조금 더 고민하고 준비한다.

승진자를 대상으로 교육이 있는 날이었다. 대상 특성을 고려해 강의 중 한 번은 승진을 축하하는 말을 해야겠다고 생각했다. "이 자리까지 어렵게 올라오신 분들이라고 들었습니다. 진심으로 축하드립니다"라고 강의 첫인사를 시작했다. 앉아 있는 분들은 예상대로 아무 말씀이 없었다. 2초간 정적이 흘렀다. 나는 바로 "아니, 그럼 이 자리까지 '쉽게' 오셨어요?"라고 웃으며 말했다. 그제서야 다들 까르르, 어허허 웃으며 서로를 격려했다. "그렇죠! 쉽지 않았어요" 참석자들 중 동의하는 말이 나왔다. 단순하게 승진을 축하하는 말보다 의미를 더하고 싶었다. 이분들이 그동안 각자 실력을 쌓아 승진하게 되었고 승진해야 들을 수 있는 승진자 교육에 참여하게 되었으니 진심으로 환영한다는 마음을 전하고 싶었는데 통했다. 강의가 끝나고 한 분이 다가오셔서 말을 건네주셨다.

"저희 진짜 어렵게 올라온 거 맞아요. 승진자 인원이 전년도에 비해 줄어서 대거 탈락했거든요. 회사 내에서 여러모로 어려움이 많았어요. 다 말씀드리긴 어렵지만, 진짜 진짜 어렵게 올라온 사람들이에요. 맞아요!"

나의 첫인사는 그저 어림짐작으로 시작한 말이 아니었다. 확률상 운이 좋아 마음에 가닿은 것이 아니라 철저하게 설계된 말이었다. 그날도 언제나처럼 강의장에 미리 도착해서 주변도 둘러보고, 교육받을 분들의 분위기도 살폈다. 앞 강의가 끝나고 내 순서가 시작되기 전 담소를 나누는 것을 우연히 듣게 된 데서 얻은 힌트였다. 힌트 덕분에 나는 '어렵게 올라온 자리'라는 것을 강조할 수 있었고, 듣는 분들도 각자 그 직급으로 승진하기까지의 노력이 머릿속으로 지나갔으리라. 그때 그 교육이 더 기억에 남았던 것은 저녁 무렵 교육 담당자에게 따로 온 문자 때문이었다.

"강의하시느라 수고 많으셨습니다. 대표님 교육 전까지는 교육생들이 서로 서먹서먹하고 식사 시간에도 각자 따로 먹는 분위기였는데요, 드디어 오늘 저녁 식사를 함께하면서 대화도 나누고 화기애애해졌습니다!"

저녁 식사 시간에 각자 자신이 그 자리에 오기까지 얼마나 어렵고 힘든 업무가 많았는지 웃으면서 회고하는 배틀(?)도 이어졌고, 다들 서로 수고했다면서 같이 잘해 보자는 의기투합하는 대화도 오갔다고 했다. 강의를 마친 나 역시 이보다 더 좋은 교육 담당자의 말이 또 있을까 싶어 기분이 좋아졌다. 환영과 환대는 또 다른 환영하는 분위기로 이어지게 만든다.

교육하는 상황이 아니어도 환영의 말은 생활과 계절 속에도 녹아 있다. 명절이나 가족 경조사에서 자주 하는 말로 "오느라고 수고했다", "멀리서 다녀가느라 애썼다"라고 꼭 말하자. 환영의 의미를 조금 더 진하게 담아 응용할 수도 있다. "멀리서 와줘서 내가 정말 고맙다", "여기까지 와줘서 우리가 얼마나 좋은지!" 이런 환대와 환영은 그 존재 이유만으로도 반기는 말이 되어야 한다. 오고 가는 것을 당연하게 여기기보다 환영하는 말을 하는 것만으로도 분위기가 달라질 수 있다.

음식점이나 택시에서도, 배달 음식을 받을 때도 쓸 수 있다. 사람을 반기기 쑥스럽고 어색하다면 음식이나 물건, 분위기를 반길 수도 있다.

만약 때늦은 식사를 하러 식당에 들어갔다면, "오늘 바빠서 첫 끼로 먹는 건데 음식이 정말 맛있어서 기운이 나네요"라고 말하자. 생활용품 중고 거래를 하면서, "진짜 사고 싶었던 물건인데 싸게 나눔해 주셔서 좋네요"라고 말할 수 있다. 택시에서 내리는 손님에게, "손님이 타셔서 오늘 운행이 잘될 것 같습니다"라는 인사를 전할 수도 있다.

나 역시 독자에게 환영하는 말을 하고 싶다.

"말을 더 잘하고 싶어 고민하고 노력하시는 마음이 반갑습니다."

환영은 또 다른 환대를 부른다. 환대와 환영은 이어달리기를 닮았다.

어려운 말을 섞는다고 품위가 높아지지 않는다. 쉬운 말에 힘이 실려야 정중한 말이 된다. 품위는 돈으로 살 수 없지만 노력하면 갖출 수 있다. 정중한 말투를 사용해서 상대를 높이자. 그 말을 들은 상대도 당신을 높여 줄 것이다.

3장

같은 말도
듣기 좋게 하는
사람들의 말 습관

단어 하나만 바꿔도
말 습관이 바뀐다

99

프리랜서 성우로도 활동하고 있어 녹음실에 자주 들른다. 방송 프로그램 외에도 기업이나 기관의 홍보 영상이나 교육 자료들도 녹음한다. 그때마다 녹음실 관계자들과 자주 주고받는 대화가 "종편은 언제까지 완료되어야 하나요?"라는 말이다. 이 말은 방송계에 있는 사람이라면 금방 알아듣지만, 방송 편집 과정을 잘 모르는 사람이라면 '종합편성채널'의 줄임말로 알아들을 수도 있다. 내가 이야기한 '종편'은 '종합편집'의 줄임말로 화면에 나갈 음악이나 자막 등을 편집하고 내레이션을 덧입히는 작업까지 두루 포함한다. 방송계를 잘 몰랐던 지인이 "종편 녹음을 하고 왔다"라는 내 말에 어느 채널에 송출되냐고 물었다. 대화하면서 서로 다른 '종편'을 이야기하고 있다는 것을 알고 바로잡으며 함께 웃었던 기억이 있다. 이렇게 특정 업무 고유의 집단에서만 사용하는 단어는 그 직군 내에 속해 있는 사람이거나 관련한 업무 대화를 나누는 사이라면 익숙하겠지만, 해당 분야를 잘 모르는 사람은 쉽게 이해하기 어렵다.

우리나라 대형 보험회사의 사내 팟캐스트와 보험 설계사를 대상으로 제작한 직원 교육용 오디오 메시지 제작에 1년 동안 성우로 참여한 적이 있었다. 낯선 보험 용어가 어려워서 녹음하기 전에 미리 따로 찾아보고 공부도 꽤 했다. A4 한 장을 녹음하는 시간보다 그 안에 들어간 보험 용어를 공부하는 시간이 더 길었다. 입밖으로 소리 낸 적 없는 보험 전문 용어를 녹음하는 성우가 어색해하면 '그저 읽는 듯한' 죽은 문장이 된다. 입에 착착 붙을 때까지 소리 내 자연스럽게 발음하도록 연습하며 새로운 단어, 이제라도 바로잡아 고쳐써야 할 일제 잔재 낱말, 불필요한 한자어 표현까지 우리 말에 대해 다시 한 번 관심을 가지게 됐다. 말이 잘 통하느냐, 통하지 않느냐는 때로 어휘 하나 때문에 결정되기도 한다. 전체 문장의 맥락 정보도 중요하지만, 특정 어휘가 낯설어 메시지 전달력이 떨어질 수도 있다. 변화의 속도에 맞춰 알아가야 하는 분야도 늘어나고 업무에 재빠르게 적용해야 하는 내용들도 놓치지 않아야 하다 보니 낯선 분야의 어려운 단어는 경계선을 굵게 긋는 느낌마저 든다. 어려운 말을 더 어렵게 설명하는 때도 종종 볼 수 있다.

오랫동안 이용하고 있는 LGU+통신사 고객센터 앱에서 반가운 안내를 발견했다. '고객 언어 개선 제안 이벤트'로 통신 업계에서 그동안 사용하던 전문 용어들을 고객이 이해하기 쉽게 바꾸는 캠페인이었다. 예를 들면, '커버리지 음영 지역'을 '네트워크 연결이 안 되는 지역' 또는 '서비스 이용 불가능 지역'으로, '위면 해지'를 '할인 반환금 없이 해지'로 바꾸는 등 고객 관점에서 세심하게 생각하고 업무 전문 용어들을 쉽게 바꿔 나가는 노력을 하고 있었다. 좀 더 많은 사람이 보편적으로 바로 알아들을 수 있는 어휘로 바꾸는 캠페인을 연간 진행한다는 안내문을 보니 무척 반가웠다. 그동안 고객들의 제안을 받아 쉽게 활용하고 있는 용어들도 함께 확인할 수 있었다. '쿠키'는 '웹사이트 이용 정보'로, 'IP주소'는 '인터넷 연결 주소'로, '매핑'은 상황에 따라 '연결' 또는 '연동'으로 바꾸자는 고객 제안을 적용했다고 알려 주었다. '고객 중심 경영'을 내세우는 다른 기업 중에서도 업계에서 사용하는 낱말을 고객이 이해하기 쉽게 바꿔 적용하는 곳을 찾기가 쉽지 않다 보니 이러한 노력이 눈물겹게 고맙기까지 했다.

눈높이 설명은 말 그대로 누구라도 이해할 수 있도록 말해 주는 방법이다. 그 시작은 '모를 수도 있다' 또는 '어려울 수 있겠다'라는 배려가 담긴 마음 씀씀이에서 시작한다. 배려에서 출발한 어휘 다듬기 캠페인은 기업에도 이익이다. 여러 번 설명해야 하는 어려운 단어나 맥락이 쉽게 이해되도록 하고, 오해를 불러일으키는 상황을 줄일 수 있어서 근무 여건이나 생산성에도 영향을 미칠 것이다.

기업뿐 아니라 중앙행정기관과 지방자치단체도 노력하고 있다. 국어책임관이라는 직책을 들어 본 적 있는가. 국어책임관 제도는 2005년 국어기본법을 제정할 때 '국가기관 및 지방자치단체의 장은 국어 발전과 보전을 위한 업무를 총괄하는 국어책임관을 소속 공무원 중에서 지정할 수 있다'라는 조항에 따라 도입되었다. 중앙행정기관과 소속기관, 광역 기초자치단체 등 450여 곳에 이른다. 문화예술과장이나 홍보기획관 등이 겸직하도록 규정하고 있다. 국어책임관 업무 실적과 자체 평가 결과를 문화체육관광부에 매년 1회 통보해야 한다.

문체부는 국어책임관의 전년도 업무 실적을 검토해 매년 국어책임관 우수 운영기관을 선정하여 시상한다. 지자체나 중앙행정기관마다 공공언어를 감수하고 개선하는 지침서를 마련하기도 하며 공공언어 사용 상시 점검 개선 방안 등을 추진한다. 이렇게 진행하는 정책명을 우리말로 알기 쉽게 풀어 쓰고, 전문 용어도 이해할 수 있게 바꿔 알린다. 국어책임관은 쉬운 용어를 개발하고 이를 보급하여 정확한 어휘의 사용을 장려하는 역할을 한다. 그러나 업무 외 추가로 맡은 일이라 적극적으로 참여하기는 쉽지 않아 보인다.

올해 정부 기관 대상으로 교육하던 중 국어책임관으로 애쓰고 있는 분을 직접 만났다. 기관 특성상 어려운 용어 사용이 많은 편인 식품의약품안전처에서 국어책임관을 겸직하고 있는 장민수 대변인이다. 식약처는 23년 8월, 문화체육관광부와 국어문화원연합회가 주최하고 고려대학교 세종 국어문화원이 주관하는 '2023년 국어책임관 활성화 지원 사업'에 선정되면서 '친절해진 식의약 용어' 55개를 발표했다.

식약처에서 다듬은 말을 살펴보니 어휘마다 고민한 흔적이 보인다. 이전보다 의미가 쉽고 친절해졌다. 식약처는 최근 3년간 보도자료를 바탕으로 그동안 관행적으로 사용했던 식의약 용어와 전문용어 300개를 선별했다. 식약처 직원, 국민, 학계 관계자를 대상으로 식의약 용어 개선안 수용도 설문조사도 진행했다. 'ATC코드'를 '국제의약품분류체계'로 알기 쉽게 바꾸고, '마이크로니들'은 '초미세바늘'로, '메디푸드'는 '환자용 식품', '밀키트'는 '간편조리식'으로 순화했다. '진양'은 '가려움증 완화', '진해거담제'는 '기침가래약', '진해제'는 '기침약' 등으로 대체용어를 골라 발표했다. 강의장에서 만난 장 대변인은 "아직도 바꿔 나가야 할 용어가 많아 노력을 기울이고 있다"라며 누구나 알기 쉬운 말로 다듬는 일에 사명감을 가지고 있다고 덧붙였다. "하지만 학계 세미나에 참석한 분들은 새로 바꾼 용어가 오히려 낯설다 보니 이중으로 사용하는 일도 종종 생깁니다. 다듬은 말이 두루 쓰는 말로 정착하기까지는 조금 더 세밀한 노력이 필요해 보입니다"라고 말했다.

'말하는 대로 행동하게 된다'라는 말이 있다. 말이 어려우니 일이 더 어려워지는 것은 아닌지 톺아보는 기회를 만들면 어떨까. 같은 맥락이라도 쉽게 설명하려는 노력이 더해지면 일하는 속도도 빨라지고 협업하는 관계도 가까워질 수 있다. 더 쉽게 표현할 수 있는 단어들을 찾아서 바꾸는 노력이 우리 사회 곳곳에서 이어졌으면 좋겠다. 공문서나 계약서, 협업하는 사이에 주고받는 어휘들부터 조금 더 쉽게 바꾸면 소통도 한결 수월해지지 않을까. 자신이 하는 업무를 쉽게 설명할 수 있는 사람이 진짜 내공이 깊은 전문가가 아닐까.

단어의 뜻만 정확히 알아도 소통이 쉬워진다
—

쉬운 것을 어렵게 설명하는 사람, 어려운 것을 굳이 더 어렵게 설명하는 사람은 흔하지만, 어려운 것을 쉽게 설명하기는 생각보다 쉽지 않다. 이렇게 우리말을 좀 더 쉽고 편하게 사용하도록 바꾸려는 다양한 노력에도 불구하고 성인들은 물론 청소년들의 어휘력 부족도 문제가 되고 있다. 자기 의사를 표현하거나 원하는 것을 얻으려면 구체적으로 설명할 수 있어야 한다. 상황에 맞는 단어의 의미와 어감, 맥락을 이해하고 말해야 한다. 유튜브를 비롯해 각종 OTT 구독으로 다양한 콘텐츠를 영상으로 접하는 시대다. 자막을 켜고 보는 것을 필수 설정으로 하는 사람이 많다는 데 놀랐다. 심지어 한국 드라마를 볼 때조차 자막을 켜는 사람이 많아서 놀랐다. (요즘은 본 방송에서조차 한글 자막이 덧입혀져 방영되는 경우도 흔하다.) 그렇다 보니 대사가 아닌 상황이나 음악, 배역의 기분까지 자막이 규정한 단어대로 따라 생각하기에 바쁘다. 내가 스스로 상황에 맞는 단어를 떠올리는 데 제한이 생길 수 있는 방식에 이미 노출되었을지도 모른다. OTT 드라마를 시청할 때 자막을 켜 보았다. 극 중 배경 음악이 나오는데 '스산한 음악'이라는 자막이 뜬다. 내가 느끼기에는 '스산한'이라는 표현보다 '쓸쓸한' 또는 '울적한' 음악이라는 표현이 더 어울릴 법했다. 두 단어가 어떻게 다른 뜻이 있는지 네이버 국어사전에서 살펴보자.

[스산한] ① 몹시 어수선하고 쓸쓸하다. ② 날씨가 흐리고 으스스하다. ③ 마음이 가라앉지 아니하고 뒤숭숭하다.

[쓸쓸한] ① 외롭고 적적하다. ② 날씨가 으스스하고 음산하다.

[울적한] ① 마음이 답답하고 쓸쓸하다.

세 단어 모두 우울하고 가라앉은 느낌을 표현하는 낱말이나. 극 중 음악이 흐르는 상황이 어수선하지 않았고, 날씨가 흐리지도 않았기 때문에 '스산한'보다 '외롭고 적적한' 주인공의 마음을 대변하거나 설명하는 데 더 어울리는 어휘가 적절하다. '스산한 음악'이 아닌, '쓸쓸한 음악'이나 '울적한 음악'이라는 낱말이어야 극에 꼭 들어맞는다. 몇 초 만에 지나가는 짧은 자막 구간이었지만, 그 장면을 본 시청자 중 일부는 그런 상황을 '스산한 음악'이라는 자막 정의에 자신도 모르게 세뇌당한다. 그저 자막이 주는 대로 보고 들으니 정확한 맥락이나 상황을 인식하는 데 변별력이 낮아질 수도 있다. 적확하지 않은 의미를 무작위로 아무 생각 없이 보고 들으면 어느 순간 일상 속 자기가 하는 말에도 스며들어 오해를 만들 수 있다. 어린이들이 자라날 때 말을 배우는 과정을 보자. 보고 들은 대로 말한다. 주어진 환경과 양육자에 따라 말하기 능력이 달라지기도 한다. 집 안에 사투리 쓰는 사람이 없는데 아이를 돌봐 주는 분의 사투리를 금방 따라 말하는 아이가 있는가 하면, 가족끼리 말투가 닮는 것만 봐도 언어와 환경의 영향력은 떼려야 뗄 수 없다. 이미 말을 다 배운 성인이라 할지라도 잘못된 의미 표현을 의심 없이 무심코 받아들이면 틀린 말이 나의 말하기 습관

속에 박히게 된다.

《공부란 무엇인가》라는 책을 쓴 김영민 교수님은 소통을 제대로 하기 위해 '정확한 단어 사용법'을 알아야 한다고 강조했다. "단어들의 뜻을 제대로 판별하여, 맥락에 맞게 활용하지 않는 한 정교한 의사소통을 기대하기 어렵다"라고 강조했다. 더불어 심화한 의사소통을 위해 단어의 기본적인 뜻뿐 아니라 관련된 함의까지 숙지해야 한다고 덧붙였다. 우리 말만큼 상황을 세밀하게 표현하는 말을 가진 언어도 드물다. 영어의 'Wonderful'은 '아주 멋진' '신나는'이란 뜻이다. 또 다른 뜻으로 '경이로운' '불가사의한'이라는 표현으로도 사용된다. 우리 말은 '근사하다' '굉장하다' '기발하다' '대단하다' '뛰어나다' '멋지다' '엄청나다' '월등하다' '절묘하다' 등 상황에 맞춰 'Wonderful'을 조금 더 세밀하게 표현할 수 있다. 얼마나 뛰어난 한국어인가! 정말 대단하고 멋지지 않은가! (나의 모국어가 한국어이기에 한국인의 관점에서 한국어의 우수성을 말했다. 외국어에도 각 언어에 스며든 문화에 따라 고유의 특성이 다름을 인정한다.)

소위 '헐 대박' '개 쩔어' '지리네'와 같이 비속어를 섞어서 사용하거나 그래야만 그 의미가 잘 드러나는 경우도 아주 가끔 있다. 소수에게 의미는 전달할 수 있을지 몰라도 상황에 따라 곱지 않은 시선을 받거나 말한 사람을 다시 보게 할 수 있는 말이다. 상황이나 감정을 잘 표현하기 위해서는 약간의 노력이 필요하다. 소금을 넣어야 할 음식에 설탕을 넣거나 반대로 설탕을 넣어야 할 음식에 소금이 들어가면 당연히 맛이 달라지고 음식을 망칠 수 있다. 여기까지는 누구나 동의한다. 진정한 미식가는 설탕을 넣은 음식과 꿀을 넣어 간을 맞춘 음식, 올리고당을 넣어 만든 요리를 구분해 낸다. 까다롭지 않게 그저 다 맛있게 먹을 수 있다면 다행이다. 하지만 음식이야 내 몸에 들어가서 내게만 영향을 미친다지만 말은 다르다. 말하는 사람과 듣는 사람 모두에게 영향을 미치기 때문에 음식의 간보다 더 까다롭고 세심해야 한다. 자주 쓰는 단어 하나 바꾸는 적은 노력이 모여 내 말하기 습관을 더 나은 쪽으로 바꿔준다. 말하기 습관이 바뀌면 나의 말하기 인상까지 달라질 수 있다. 명사나 고유명사 대신 지시대명사로만 말하지 않는지, 상황이 다른데 늘 같은 부사와 형용사만 사용하지 않는지 지금이라도 살펴보자. 어휘를 바꾸려는 노력이야말로 선한 영향력이다.

2

말 속에 마음을 담으면
감정이 전달된다

99

"선물을 보면 그 사람의 마음 씀씀이 크기가 보여."

워낙 검소하고 센스가 넘치는 선배여서 그런 말을 꺼낼 때 흠칫 놀랐다. 내가 그동안 이 선배에게 어떤 선물을 했었나 하고 기억을 빠르게 더듬었다.

"아니, 그런 뜻이 아니고! 하하."

내가 당황한 걸 눈치챈 선배는 이렇게 설명했다. 선물을 고르는 센스를 보면 그 사람의 가치관이 보인다는 것이다. 관심이나 배려의 농도도 보인다고 했다.

아이를 키우는 맞벌이 부부에게 좋은 음식을 먹게 하려고 해산물 원물 식재료를 선물하는 의도는 고맙지만 손질하기 어렵다는 것을 간과한 점에선 제대로 된 선물이 아니라는 것이다. 어린아이 키우는 집에서는 식재료 손질이 무척 번거로운 일이라는 점을 전혀 고려하지 못한 것이라고 했다. 장거리 이동을 자주 해서 짐이 많은 사람에게 건강즙을 보내는 것도 실제 운전하고 이동하며 건강즙을 먹어 보지 않아서 선물하는 것이라고 했다. 운전도 많이 하고, 차 안에서 이것저것 간식을 챙겨 먹는 내 습관을 떠올리니 고개를 끄덕이게 되었다. 일회용 빨대를 챙기기도 어렵고 잘못 뜯어 흘리기도 하고 차 안에서 먹고 비닐 포장지는 젖어 있는 채 버리기도 어려우니 선배의 말은 맞았다. 그 선물은 받을 사람이 따로 있다는 것이었다.

그럼, 선배가 보기에 잘 고른 선물은 어떤 것이 있었는지 이야기를 이어갔다. 하루 종일 집 밖에 나와 이동을 자주 하는 사람에게는 보조배터리 하나 쥐여 주면 진짜 좋아하더라는 이야기부터 어린이가 있는 집에는 직접 만든 반찬을 선물하는 게 좋다며 선배의 기준과 가치관을 말했다. 무슨 선물이든 값이나 브랜드보다 쓰임새를 잘 고려하는 것이 중요하다는 의미였다. 말도 마찬가지다. 좋은 걸 나누고 싶은 마음이 표현에서 삐끗하면 관계도 삐걱댈 수 있으니까. 잘 고른 선물과 닮은 말들은 감정을 움직이고 관계를 가까워지게 할 수도 있다.

화장품을 선물하면서 어떻게 말하는 편인가.

①"생일 축하해요. 남들이 좋대서 샀어요."

②"생일이라 챙겨야 할 것 같아서 보내요."

③"이런 거 안 써도 곱고 예쁘지만, 내가 써 보니 진짜 좋아서 나누고 싶었어요. 지금도 예쁘지만, 다가올 아름다운 날들도 축복합니다. 생일 축하해요."

물론, 세 가지 서로 다른 문장도 말투에 따라 무미건조하거나 조금 지나치게 느낄 수 있다. 역시 말은 하는 사람의 몫이다. 중요한 말을 표현하기 전에 딱 3초만 생각하자. 내 마음이 잘 담겼는지? 오해가 없는 표현인가? 누가 들어도 말뜻 그대로 이해하기 쉬운가? 좋은 마음으로 건네는 말이 생각과 달리 입 밖으로 나오면서 오해로 바뀌면 아쉽다.

3

2초의 틈이
호감도를 높인다

"

미국의 버락 오바마 전 대통령은 연단에서 무려 51초 동안 침묵했었다. 2011년 1월 애리조나 총기 난사 사건 희생자 추모 연설을 하던 때였다. 당시 안타까운 사건으로 숨진 8세 소녀를 언급하며 오바마는 말했다. "나는 우리의 민주주의가 크리스티나가 상상한 것과 같이 좋았으면 한다"면서 "우리 모두 아이들의 기대에 부응하는 나라를 만들기 위해 최선을 다해야 한다"라고 말했다. 그 말을 한 후 오바마는 연설을 중단했다. 10초 후 오른쪽을 바라보고 다시 20초 후 심호흡을 했으며, 30초 후에 눈을 깜빡이기 시작했다. 무려 51초 동안 침묵한 후 그는 연설을 다시 이어갔다. 당시〈뉴욕타임스〉는 '오바마, 51초의 침묵으로 국민과 감성적 소통'

이라고 평가했다. 때론 많은 말을 하지 않아도 오바마처럼 쉼표나 말줄임표만으로도 소통의 맥락이 강화되기도 한다.

비단 연설뿐만 아니라 대화할 때도 틈은 중요하다. 쉼표는 말하는 사람의 태도와 내용의 정확도를 결정한다. 쉼표 없는 말은 듣는 사람을 배려하지 않는 말하기다. 쉼 없이 계속 말을 하면 자칫 듣는 사람을 다그치듯 말하는 태도로 여겨 오해를 불러일으킬 수도 있다. 적절한 쉼 없이 말을 이어 가면 말하는 사람도 호흡이 가빠져 평소에 하지 않던 실수나 단어 음절을 버벅거릴 수도 있다. 쉼표를 적절하게 활용하지 않으면, 듣는 사람을 살피지 않고 외운 내용을 혼자 읽어 버리는 것처럼 어색하게 들리기도 한다.

반대로 연설, 보고, 발표할 때 쉼이 필요 이상 길어지면 준비한 말을 마치 잊어버린 것처럼 보일 수도 있다. 일상 대화에서도 마찬가지다. 대화 중에 쉼표가 너무 길어지는 것이 반복되면, 대화하고 싶은 의지가 없는 태도로 오해를 살 때도 있다. 반대로 할 말을 잊어버리거나 말하는 자리에 따라 부담감이 커져서 긴장하면 지나치게 쉼이 길어지기도 한다. 오바마처럼 추모 상황이 아니라면 일상에서는 말하는 내용의 맥락이 흐려지거나 준비가 덜 된 모습으로 보일 수 있다. 문장과 문장 사이, 그리고 내용이 전환되는 지점의 첫 글자 전, 무엇보다 첫 문장을 말한 후에는 반드시 쉼표 구간을 두는 것이 좋다.

쉼표 활용만 잘해도 대화의 흐름을 이끌 수 있다

—

쉼표는 말하는 내용을 강조하는 역할도 한다. 말할 때 적절한 쉼표를 지켜서 말하는 것은 조금 전까지 하던 앞의 말을 정리하는 역할을 하기도 하고, 뒷말을 강조하기 전 집중하게 만드는 시간이기도 하다. 쉼표를 지키면 말의 의미도 명확해진다. 쉼표를 잘 활용하면 말의 내용을 이해하기 쉽도록 흐름을 이끌 수 있다. 말하는 의미에 힘이 실리기도 한다. 반대로 쉼표를 지키지 않으면 뜻이 달라질 수 있다. 예를 들어, "과장님! 저, 보고서 좀 볼게요"라는 문장은 쉼표를 지키지 않으면 의미가 두 가지로 달라질 수 있다.

"과장님! 저, 보고서 좀 보겠습니다."

과장님을 향해 자신이 보고서를 좀 보겠다고 말하고 있다.

"과장님! 저 보고서 좀 보겠습니다."

과장님에게 특정 보고서를 가리키며 저(쪽에 있는) 보고서를 보겠다는 뜻이다.

발표하거나 대화 중 상대가 질문을 할 때도 마찬가지다. 질문을 받고 나서 바로 대답하는 편이 준비된 자세로 보일 수도 있겠으나 1초도 쉬지 않고 자판기처럼 답변을 내놓는 일이 반복되면 '듣지 않고 자기 말만 하는' 다급한 태도로 여겨지기 쉽다.

프레젠테이션 심사위원으로 참여해 보면, 발표자의 반 이상은 심사위원의 질문 내용을 제대로 이해하지 못하고 답변하기에만 바빠 동문서답하는 경우들을 종종 볼 수 있다. 질문하는 사람의 말이 끝나면, 눈을 맞추되 말은 아주 잠시만 멈추자. 그 틈은 2초면 충분하다. 준비된 내용을 바로 말할 수 있을 만큼 자신 있더라도 상대의 질문을 귀 기울여 잘 들었다는 고개 끄덕거림을 틈으로 표현하자. 2초의 틈이 예상외로 호감도를 높일 수 있다. 휴가나 주말을 활용해 제때 잘 쉬어야 일도 잘할 수 있듯 말하기에서도 쉼과 틈이 매우 중요하다.

물음표 하나로
말의 의도가 달라진다

"

일을 하다 보면 더 잘하고 싶어지는 희한한 순간이 한 번쯤 온다.
SBS에서 교양 프로그램 내레이션을 맡아 하던 때 이미 공중파에
서 목소리가 나가고 있었음에도 더 잘하고 싶은 마음은 한없이 커
졌다. 뉴스와 FM 라디오에서 차분한 프로그램의 진행만 했던 터
라 감정을 표현하는 연기를 잘하고 싶었다. 애니메이션이 아니어
도 다큐나 교양 내레이션에서도 정제되고 절제된 연기 톤이 필요
할 때가 많다. 연기 공부 갈증에 뒤늦게 성우 아카데미에 등록해
띠동갑 동생들과 함께 수업을 들었던 어느 날, 세 글자 수업으로
내 고민의 해결점을 찾았다. 운 좋게 평소 팬으로서 좋아했던 성
우에게서 배울 수 있었다.

EBS에서 각종 대표 프로그램들을 맡아 녹음하고 더빙한 성우 전해리 님은 애니메이션 〈주토피아〉의 주디, 〈엄마 까투리〉의 세찌, 게임 〈오버워치〉의 아테나, 전국 영어 듣기평가 음성으로 깔끔하고 전달력 있는 연기를 강점으로 갖고 있다. 책상에 앉아서 역할을 정해 대사를 서로 바꿔 가면 읽는 수업을 했는데 그날따라 전해리 선생님은 우리를 모두 바닥에 둘러앉게 했다. 한 명씩 하고 싶은 순서에 나와서 '괜찮아'라는 단어를 자신만의 설정으로 표현하면 앉아 있는 다른 수강생들이 어떤 상황에서 말하는 '괜찮아'인지 알아맞히는 수업이었다.

"괜찮아?"

"괜-찮-아아?"

"괜! 찮! 아!"

"괜…찮…아…"

"괜찮…아."

"괜…찮아."

다들 기다렸다는 듯이 자신만의 방법으로 세 글자 대사를 멋지게 연기했다. 두 손을 모으고 큰 목소리로 표현하는가 하면, 속삭이듯 말하는 '괜찮아'도 있었다. 떨리는 목소리로 자신이 다칠 뻔한 상황에서 괜찮다고 말하는 연기, 겉보기에 괜찮지 않은 표정인데 애써 괜찮다고 안심시키려는 듯한 표현, 누군가 위험한 상황을 겪은 내용을 들어서 괜찮냐고 되묻는 뉘앙스, 무대 위에서 누가 실수를 하자 단체로 응원하면서 한 음절씩 끊어서 외치는 '괜찮아'도 있었다. 띠동갑 동생들의 연기 실력에 이내 주눅이 들었다. 당시 방송사에서 마이크를 잡고 활동하고 있던 사람은 그 클래스에서 나뿐이었기에 은근한 기대도 느껴졌다. 미루고 미루다가 마지막에 겨우 나가서 하게 된 나의 '괜찮아'는 괜찮지 않았다. 어떤 설정을 하고 나가려니 이미 다른 후배들이 다 해 버린 연기 설정과 겹쳐서 그냥 지금의 감정을 표현했다.

"괜찮아. 괜…(흑) 찮(흑…) 아하아…(흑흑)."

입술을 깨무는 데도 터져 나오는 울음 때문에 가장 당황한 것은 나였다. 언뜻 보면 '울음이 섞인'이라는 지문을 충실하게 연기하는 것처럼 보였겠지만 오롯이 내 감정이 그대로 묻어 나왔다. 그때 앉아 있던 여학생이 손을 번쩍 들고 말했다.

"선생님, 제가 보기에 저 언니가 한 연기는요. 전혀 괜찮지 않은데 괜찮은 척하는 '괜찮아' 같아요. 그런데 뭐가 괜찮지 않은지는 아직 잘 모르겠어요."

말이 끝나기가 무섭게 다른 학생이 말을 이어갔다.

"힘든 거지 뭐. 삶이. 일이 많거나, 건강이 갑자기 안 좋아졌거나. 그나저나 언니, 진짜 어떻게 그렇게 금방 눈물을 흘려요? 역시!"

성우 선생님은 그 표현이 맞는지 내게 확인했다. 나도 모르게 터져 나온 눈물에 놀라고 당황스러워서 뚝뚝 흐르는 눈물을 닦으며 맞다고 인정했다. 드라마 보면서도 눈물 한 방울 흘리기 어려워하는 내가 어린 동생들 앞에서 눈물을 보이다니 의도하지 않은 '눈물의 여왕'이 되어 버렸다. 주말 부부로 매주 지역을 오가며 이동하는 데다 녹음 스케줄도 섭외되는 대로 야근도 자주 해야 했고, 대학원까지 다니고 있었다. 분초를 다투며 시간을 쪼개서 쓰던 시기였다. 힘들고 일이 많아서 지칠 대로 지친 내가 성우 아카데미까지 다니고 있었으니 그 시절 나는 정말 괜찮지 않았다.

세 글자 수업 이후, 오랜 체기가 쑥 내려간 느낌이 들었다. 모든 상황이 달라지지 않았지만, 수업이라는 틀을 빌려 솔직한 말 한마디를 해 본 시간이 말하는 또 다른 기쁨을 느끼게 해 주었다. 같은 말일지라도 말하는 사람의 의도에 맞게 표현해 낼 수 있다는 것을 새삼 다시 배울 수 있었다. 그래서인지 성우 전해리 선생님에게 참 고맙다. 여전히 연락하고 종종 응원과 격려를 주고 받는 사이로 지내고 있다. 제자와 스승으로 만났지만, 언니(나)와 동생으로 더 가까워졌으니 의미 있는 '괜찮은' 수업이었다.

문장 부호에 따라 의미가 달라진다
———

글쓴이의 의도를 쉽게 표현하기 위해 모든 글은 문장 부호를 사용해 글의 구조를 드러낸다. 쉼표, 마침표, 말줄임표, 큰따옴표, 작은따옴표, 느낌표, 물음표에 따라 같은 문장이라도 다른 의미가 된다. 글은 눈으로 보고 문장 부호에 따라 의도를 파악하지만, 말은 귀로만 듣기 때문에 오해가 생기기도 한다. 물론 표정이나 제스처로 부가적인 설명이 되기도 하지만 글보다 말에 오해가 생기는 경우가 더 잦은 것은 의외로 문장 부호를 담은 문장을 말로 제대로 표현하기 어렵기 때문이다. 말하는 이의 의도와 생각, 의견, 감정이 잘 표현되지 않아서 간극이 생길 수도 있고, 듣는 사람이 그 말의 배경이나 말하는 이의 의도를 잘 알아차리지 못해서 생기기도 한다.

결혼 초 남편에게 처음 서운했던 감정도 "괜찮아"라는 말 때문에 생겨났다. 한번은 음식점에서 뜨거운 전골냄비에 손을 스쳐 데었다. 손가락이 빨갛게 부풀어 올라 아리고 따가웠다. 음식점 점원도 다가와서 괜찮냐고 묻는데 정작 남편은 "괜찮아"라고 말하면서 얼른 밥 먹으라고 재촉했다. 따스하고 다정하게 살피며 건네야 할 말을 속으로 기다렸는데 그의 말 끝은 물음표가 아니라 마침표였다. 나는 이내 서운해져서 "이것 봐요, 여기 빨갛게 됐어. 안 괜찮다고…"하며 남편 얼굴 쪽으로 다친 손가락을 쑤욱 내밀었다. 엄지와 검지 살갗이 더 아린 것만 같았다. 그랬더니 눈 한 번

찡긋하며 "어디 보자, 에이, 이 정도는 조금 있으면 괜찮아. 진짜 괜.찮.아."라고 말했다. (나는 속으로 다친 손가락이 가운데 손가락이었어야 했는데 하고 심술이 났다.) 보란 듯이 컵에 차가운 물을 채워 손가락 두 개를 살짝 담그고 있었다. 내내 밥을 먹는 둥 마는 둥 온몸으로 섭섭함을 표현했다. 식사를 하고 나오면서 남편에게 "괜찮아?"하고 물어보면 참 좋지 않았겠느냐고 그럼 좀 덜 아플 것 같다고 말했다. 다 큰 어른이면서도 괜히 어리광을 부리고 싶어졌다. 그날은 유독 그랬다. 정작 다친 나보다 호들갑을 떨었어도 이렇게 섭섭하지는 않았을 것만 같았다. 어디서든 엎어지고 다쳐 무릎이 깨지고 손을 베었을 때 쓰윽 밴드를 붙여 주는 일은 현실에서는 없었다. 남편은 손가락을 다시 살펴보더니 식당에서 밥을 빨리 먹고 가까운 약국에 얼른 가려던 참이었다고 말했다. 정말이라고 했다.

십수 년도 더 지난 지금도 물음표만 보면 이때가 생각난다. "괜찮아" 뒤에 마침표가 찍힌 문장은 말하는 사람의 판단이 들어간 표현이다. "괜찮아?"처럼 물음표로 끝난 표현은 안부를 묻는 관심이다. 그때의 나는 "괜찮아?"라고 들었다면 좀 덜 서운했을까? 성우 학원은 내가 아니라 남편이 가서 좀 배워 왔어야 했으려나? 아무리 생각해도 남편은 세 글자 수업에서 만점 받지 못했을 것 같다.

때로는 마침표로 말하고 싶더라도 물음표로 말해 보자. 아프던 것도 덜 아프고, 놀랄 것도 덜 놀라고, 힘든 것도 덜 힘들게 느끼게 해 주는 물음표의 힘을 믿자. 그 후로 10여 년이 지난 지금 남편은 물음표를 쓰긴 한다. 다만, 로봇처럼 말해서 문제다.

"괜.찮.아아?"

5

조사에 따라
전혀 다른 말이 된다

"

문장 부호만이 아니라 보조사를 잘못 사용해서 오해가 생기기도 한다. 중견기업의 투자 유치를 위해 공개 프레젠테이션 심사가 열리던 날이었다. 나는 사회자석에서 발표를 들을 수 있었다. 심사위원들의 날카로운 질문들이 발표한 기업 대표들을 긴장하게 했다. 발표자도 아닌데 나는 수능 시험을 치르는 자녀의 부모처럼 두 손모아 마음으로 응원하고 있었다. 공개 발표 전, 발표하는 스무 개 기업 대표의 스피치 코칭을 전담했었기 때문이다. 코칭이 비교적 짧은 기간에 집중적으로 진행되는 일정이었다. 발표자마다 한 시간씩 한 번 또는 두 번의 코칭만 진행했기 때문에 각자 알려드린대로 연습을 잘 해내기를 바랄 수밖에 없었다. 발표가 순서대로 시작되고 심사위원의 질문에 답변하는 순서였다. 그중 중간 순서였던 한 분은 긴장하지 않고 발표를 순탄하게 끝냈기에 한결 마음이 놓여 보였고 약간의 여유마저 느껴졌다.

심사위원의 첫 번째 질문이 시작되었다.

"말씀하신 내용의 분야가 아직 잘 알려지지 않았는데, 앞으로 마케팅은 어떻게 해 나가실 계획입니까?"

마이크를 고쳐 잡은 기업 대표가 답변을 이어 나갔다.

"마케팅까지 다 이야기하기에는 시간이 좀 부족한데요. 마케팅은 크게 걱정하지 않습니다. 우리 기업은….'

매우 큰 목소리로 자신감 넘치게 말했지만, 시간이 부족하다는 탓을 하며 얼버무리면서 넘어가고 있었다. 그때 조금 불편한 기색의 심사자가 다시 마이크를 잡았다.

"말씀하신 그 마케팅'까지' 말씀하셔야 저희가 점수를 고려할 수 있습니다. 마케팅'도' 잘해야 하는 분야이기에 질문드린 것이고요. 답변해 주시기 바랍니다."

심사자는 작은 목소리였지만, 목소리에 힘이 있었고 최대한 예를 갖춰서 다시 답변을 요청했다. 그럼에도 답변 내용이 성실하게 느껴지지 않았다. 안타깝게도 그 발표자는 코칭 시간에 한 번은 지각을, 한 번은 일이 바쁘다고 10분 동안 본인의 발표만 '들려주고' 코칭을 받지 않고 자리를 뜬 유일한 사람이었다. 나는 속으로 너무 안타까웠다. 회사의 새로운 사업 아이템도 업계에서 경쟁력이 있었고, 발표 순서도 첫 번째나 마지막이 아니어서 어느 정도 유리한 상황이었기 때문이다. 조금 더 성의 있게 질문에 답했더라면 점수가 달라지지 않았을까 아쉬운 생각이 들었다. 이어서 다음 발표를 한 분도 비슷한 질문을 받았으나 대답은 달랐다.

"네. 답변드리겠습니다. 마케팅 계획'도' 말씀드릴 수 있는 시간 주셔서 감사합니다. 그동안 오프라인 마케팅에만 치중했었는데, 이번 프로젝트를 기점으로 온라인마케팅'까지' 확대해서 진행하려고 합니다. 이미 온라인마케팅 부서를 꾸렸으며 신규 마케팅 계획은…."

앞 순서 발표자와 같은 질문을 한 심사위원은 표정이 다소 밝아졌다. 인적 구성까지 자세하게 답변하는 성의 있는 태도가 앞선 발표자와 선명하게 대비되었다.

발표가 끝난 후 업계 전문가와 지자체, 산업 현장의 고수들, 투자자들과 간단한 미팅도 이어졌다. 성의 있게 말한 기업과 그렇지 못한 기업 모두 같은 분야의 경쟁사였다. 결과가 좋은 쪽은 '마케팅도' 말한 기업이었다. 발표 내내 긴장한 정도만 비교하면 앞 순서 발표자가 더 자신감 있었고, 다음 순서 발표자는 다소 떨고 발음이 꼬이는 경우도 몇 번 있었다. 그럼에도 '마케팅은'이라고 질문의 핵심을 가볍게 지나쳐 버린 쪽과 '마케팅도' 설명할 기회를 가져 감사함을 표현한 쪽은 마음에 와닿는 정도가 정반대였다.

보조사만 바꿔도 말의 결이 달라진다
—

표준국어대사전에서 보조사의 뜻풀이를 살펴보자.

> 보조사 : 체언, 부사, 활용 어미 따위에 붙어서 어떤 특별한 의미를 더해 주는 조사. '–은', '–는', '–도', '–만', '–까지', '–마저', '–조차', '–부터' 따위가 있다.

보조사를 적재적소에 사용하지 않으면 말하는 이의 의도를 의심하게 하게 된다. 일상 대화에서도 마찬가지다. 다음 말을 입 밖으로 소리 내어 표현해 보자.

① "그것도 못하니?"
② "그것마저 못하니?"
③ "그것만 못하니?"
④ "그것은(그건) 못하니?"

위의 네 문장은 보조사나 말투에 따라 전혀 다른 말로 들릴 수 있다. 또 다른 예가 있다. 특정 직업이나 행위 뒤에 '-나'라는 보조사를 사용하는 것도 주의해야 한다. 말하는 이가 의도하지 않았다고 해도 자칫 빈정거림으로 들릴 수 있어 그 말을 하고 나서 사과해야 할 일이 생길 수도 있다.

실제로 내가 방송사에서 근무하다 화들짝 놀랐던 적이 있다. 보도국 프로그램은 성우가 녹음하기도 하고 기자가 녹음하기도 한다. 녹음실에서 막 나오는 기자 목소리가 들리기에 반갑게 인사를 건넸다.

"○○ 기자님, 내레이션도 잘하셔서 섭외됐나 봐요. 와!"

"하하. 그러니까요. 제가 이래 봬도 못하는 게 없어서 기회 되면 나중에 성우나 해 볼까 해요."

서로 일하는 사이일 뿐 대화를 자주 나눠보지 않았지만, 사내 들리는 풍문으로는 그 기자가 '자신감과 자만감 반반'이라는 별명이 있었다. 어떤 이들은 줄여서 '자반자반'이라고까지 말했던 일이 생각났다. 아뿔싸! 나는 그냥 "하.하.하. 성우가 쉽지는 않지요"라고 응수하고 녹음실로 들어갔다. 그가 한두 번 해 본 것으로는 쉬워 보였을지 몰라도 성우가 직업인 이들은 먹는 음식, 건강 관리, 목소리 관리 등 보이지 않는 노력을 엄청나게 한다. 모든 직업의 전문성은 다 보이지 않는 노력으로 만들어진 것이다. 그 사람이 다소 거칠게 반응했을 수도 있었겠지만, 외줄 타기 하듯 아슬아슬한 말들은 그 뒤로도 몇 번 더 있었다.

내 말을 상대가 자꾸 오해하거나 놀란 눈으로 질문을 한다면 내가 쓰는 말의 보조사를 살펴보자. 보조사 한 글자만 바꿔도 말의 결이 달라진다.

6

20초 단위로
짧게 세 번 말하는 습관

99

"5분 일찍 끝내 주시겠습니까?" "이번 프레젠테이션은 제한 시간 15분입니다."

연단에 서서 대표로 말하기 직전, 가끔 들을 수 있는 말이다. 준비한 대로 시간을 다 활용할 수 있으면 더 좋을 텐데 갑자기 시간을 줄이라거나 또는 제한 시간을 엄하게 강조하는 말을 들으면 마음은 조급해지고 때론 주눅이 들기 마련이다. 그런가 하면, 분명히 준비도 했고, 연습도 충분하게 한 것 같은데 실전에서 말이 넘쳐 시간이 모자라거나 반대로 지나치게 남는 경우를 종종 볼 수 있다. 회의 진행, 설명회, 사업 보고, 입찰 프레젠테이션까지 연단에 올라가서 말할 때 생각보다 시간 맞추기가 어렵다는 분들 역시 꽤 많다. 생각을 잘 정리해서 연습을 해 보고 그때마다 시간에 맞춰서 말하는 것이 좋지만 해 본 사람들이 입을 모아 모두 한목소리로 말한다. 쉽지 않다고. 이 고민을 털어놓는 분들에게 해결책으로 제시하는 방법이 있다. 연습할 때 제한 시간이 몸에 익도록 기준이 되는 패턴을 익히는 것이다. PPT 슬라이드 템플릿처럼.

　만약 5분 발표라면 실제 꼭 해야 하는 말의 내용을 4분으로 정리한다. 왜냐하면, 1분이 시간 조절의 열쇠이기 때문이다. 이렇게 본 내용에서 빼 둔 1분을 다시 세 그룹으로 분류해서 배정한다. 20초씩 세 묶음으로 나눠서 처음 20초는 첫인사와 여는 말에 쓴다. 다음 20초는 마지막 요약하는 말과 닫는 말에 쓰기 위해 남긴다. 세 등분 중 20초가 남았다. 이 시간은 듣는 사람의 리액션도 확인하고 말하는 사람이 발표하며 가질 여유와 긴장을 가라앉히는 호흡 시간으로 빼 둔다. 시간이 짧을수록 말할 시간을 계획적으로 설계하는 것이 중요하다. 자, 남은 4분은 다시 말할 순서에 맞춰 한 번 더 나눈다. 항목이나 전환점마다 헤드라인 문장이 있고 연결하는 문장이 있다. 이렇게 5분을 어떻게 사용할지 시간을 우선 나눠두고 시간 내에 들어갈 수 있는 말의 양을 조절하면 시간을 넘치게 쓰거나 많이 남기지 않고 활용할 수 있다. 표준 속도대로 말하지 않는 사람들은 앞에 나가서 말하기만 하면 평소보다 말이 더 빨라진다. 해야 할 말을 잊지 않기 위해 시간을 고려하지 않고 말을 하는 것이 아닌 '해 버리기' 때문이다. 시간에 맞춰서 내가 원하는 대로 말하려면 1분을 빼 두는 여유를 갖고 활용해 보자. 생각보다 많은 사람이 긴장한 탓에 서론이나 인사가 길어져서 정작 해야 할 말을 시작하지 못하고 1분을 허무하게 흘려보내는 경우를 너무 자주 보았다. 1분 말하기의 감각을 익히기 위해 20초 단위로 짧게 세 번 말하는 것도 습관이 되면 좋다.

"지금 ○○의 기온은 20도, 습도는 50퍼센트입니다. 정오 뉴스를 마칩니다. 아나운서 강은하입니다. C.B.S"

라디오 뉴스에서 뉴스를 마치는 마지막 멘트가 15초 안에 끝나야 한다. 이 문장에 자신의 이름을 넣어 말해 보자. 15초 안에 빠르지 않게 적정한 속도로 말하는 기준으로 삼을 수 있다. 앞에 "안녕하십니까"를 넣으면 딱 20초가 나온다. 이 정도 말할 때 20초가 지나가니 이렇게 세 번 정도 말하면 1분이 된다고 자전거 타는 것처럼 몸으로 익히면 말할 때 시간 감각이 생긴다. 특히 발표 후에 질문에 답해야 할 때는 1분 정도 답한 후 다시 질문을 받아 답하는 편이 긴장도 낮추고 필요한 말만 깔끔하게 할 수 있는 방법이다. 1분 말하기 감각이 익숙해지면, 3분 말하기, 5분 발표, 10분 프레젠테이션도 시간을 잘 지켜서 말할 수 있게 된다.

7

적절한 타이밍에 치는
맞장구가 유리하다

맞장구만 잘 쳐도 좋은 관계가 잘 유지된다는 말이 있다. 맞장구는 '남의 말에 덩달아 호응하거나 동의하는 일'을 뜻한다. 모든 단어는 사전 속 의미를 잘 파악하면 정확하게 이해할 수 있다.

'덩달아' '호응' '동의'를 상대가 느낄 수 있도록 말로 표현하면된다. 여섯 살 조카와 대화는 맞장구만으로도 가능하고 즐겁다.

"오늘 유치원에서 뭐하고 놀았어?"

"블록 쌓기 했어요."

"진짜? 블록 쌓기 재미있었어?"

"네! 친구들이랑 블록 쌓다가 무너졌는데 다시 또 쌓았어요."

"우와. 정말? 다시? 쌓았어?"

제법 말이 늘 시기라 만날 때마다 귀여운 입으로 말을 좀 더 해 보라고 맞장구만 쳐 줘도 한참 이야기를 해 준다. 맞장구가 조금 어려운 것은 타이밍이 정확해야 하기 때문이다. 말이 다 끝난 것인지, 해야 할 말이 더 있는 것인지 살짝 파악하면서 맞장구를 쳐야 한다. 서둘러 말을 자르고 맞장단을 치면 상대의 말하는 기운을 꺾어 버리게 되니 적절한 타이밍에 맞장구를 치는 것도 센스와 훈련이 필요하다. 이제 여섯 살이 된 조카는 이모인 내가 말하면 이렇게 맞장구를 친다. 가르쳐 준 적이 없는데 보고 들은 걸 따라 말한다.

"이모가 지윤이가 좋아하는 비타민젤리 사왔어."

"오! 진짜요? 이모가 샀어요?"

"응. 지윤이가 전에 잘 먹길래 또 사왔지."

"맞아요. 엄마가 밥 먹고 하나씩 주시는데 맛있어요! 이모가 산 젤리였구나?"

"이번에도 잘 먹고 쑥쑥 크면 좋겠다."

"네! 이번에도 잘 먹고 쑥쑥 클게요."

여섯 살 꼬맹이 조카는 이모와 대화하고 노는 것을 좋아해 줘서 다행이다. 어린이의 순수함이 있어서 그럴 수도 있지만 맞장구는 대화에 윤활유가 된다. 업무 관계에서도 맞장구를 적극 활용해 보

자. 상대의 태도에 좋은 에너지가 담겨 내게 다시 돌아온다. 맞장구는 단순히 감탄사만으로 이뤄지지 않는다. 상대가 하는 말과 행동에 '호응'하고 '동의'하는 말을 적극적으로 표현하는 것이다.

회사에서 친목 체육대회를 하기 위해 현수막을 제작했다고 하자. 현수막이 들어 있는 택배 상자를 열며 주문 발주를 넣었던 A가 동료 B에게 이렇게 이야기한다.

A : "연휴가 있어서 현수막이 제때 도착하지 않을까 걱정했어요."

B : "걱정하셨구나. 잘 도착해서 다행이에요."

A : "그러니까요. 주문하고 도착일을 몇 번이나 체크했는지 몰라요."

B : "역시 꼼꼼한 A 님이 있어서 준비가 착착 잘 되네요."

B는 A가 이미 잘 도착한 현수막 이야기를 굳이 꺼내는 이유를 잘 알고 있는 사람이다. 그가 필요한 날짜에 도착하지 않을까 봐 걱정했던 마음에 준비하느라 수고하고 애쓴 꼼꼼함까지 두루 챙기며 대화에 응했다. 물론 바쁘다면 "네. 잘 도착했네요"라고 짧게 대답만 할 수도 있지만 시간 여유가 조금 있다면 맞장구는 매일 보는 사이, 자주 만나는 동료 사이에 주고받을 때 관계를 더욱 탄탄하게 만들어 준다. 가장 중요한 맞장구의 '디테일'을 놓치지 않아야 한다. 말하고 있는 사람을 바라보지 않고 말만 이렇게 하면

AI 음성과 다를 바 없다. 맞장구를 치면서 자신의 시선도 상대를 보고 있어야 한다. 고개도 끄덕이며 제스처를 보이면 더 좋다. 기계적으로 반응하지 않고, 말 내용에 잠시 빠져 들어가자. 사실, 이런 기술 따위는 없어도 진심으로 듣기만 하면 맞장구는 저절로 나오기도 한다. 나는, 내 주변 사람들은 맞장구를 잘 치는 사람인가, 아니면 핀잔을 주는 사람인가.

8

긍정적인 언어 습관으로
바꾸는 말들

"

자기가 했던 말을 다시 들어 보자
—

남의 말을 듣지 않는 사람들을 살펴보면 자기 말도 잘 듣지 않는
다. 방금 한 말이 무엇이었는지 단어가 생각이 나지 않는 것과는
다르다. 자신이 말하는 내용의 맥락을 놓치고 이 말 저 말 나오는
대로 하는 경우다. 맛있는 식당에 가고 싶은데 어디로 가야 할지
정한다고 생각해 보자. 한식인지, 분식인지, 양식인지 대략이라도
카테고리를 정하지 않고 그저 입소문 났다고 하니 여기 줄 섰다가
줄이 너무 길어 다른 음식점으로 옮겨서 거기서 또 줄을 서다가
결국 식사 때를 한참 놓쳐서 밥을 먹는 것과 같다. 밥이야 한 끼 좀

늦게 먹어도 그만일 수 있지만, 계약을 앞둔 중요한 순간에, 면접을 보는 떨리는 순간에, 국민 앞에서 정책을 발표하는 직무를 맡은 사람이 그냥 넘겨 버린다면 되돌리기 쉽지 않다. 그래서 스스로 자기가 했던 말을 다시 들어 보는 일이 매우 중요하다. 당신의 말하기가 이러이러하다고 조언하고 지적하는 주변 사람들의 잔소리들을 반으로 줄일 수 있는 좋은 방법이 바로 내가 하는 말을 들으며 말하는 것이다.

소수의 인원을 코칭하거나 전문적으로 말하기를 개선하려고 하는 분들을 뵙기 전에 가장 먼저 하는 일은 '말 녹음'이다. 처음에는 의식해서 더 잘하려고 하거나 소리가 제대로 녹음되지 않는 일이 더러 있어 조금 귀찮더라도 일주일 치 말을 녹음해 제출하도록 숙제를 낸다. 하루에 한 번, 회의에서나 발표에서, 또 전화 통화할 때, 고객에게 설명할 때 등 다양한 상황 속에서 자기 말 습관을 귀 기울여 듣게 하려고 녹음을 권유한다. 상황이 허락하지 않아 따로 시간 내어 숙제를 위한 녹음을 제출하게 되더라도 매일 3분 이내로 일주일 치를 모으면 약 20분 분량이 된다. 그렇게 다양한 상황 속의 일주일 치 말을 모아 보면 대략 어떤 말 습관이 있는지, 고칠 수 있는 부분과 고치기까지 많은 시간이 필요한 말 습관이 무엇인지 파악할 수 있다. 무엇보다 자기 말을 직접 다시 들어볼 기회다.

대부분 쑥스러워 듣지 않고 제출한다며 말하지만 사실 이미 그 말을 하면서 자기 말을 듣고 있었다.

많은 사람의 말을 녹음이나 녹화 파일로 제출받은 후 다시 듣고, 함께 들으며 말 습관을 하나하나 톺아보았다. 대부분 비슷한 단계로 말하기에 변화가 보였다. 첫날 제출한 녹음 파일에는 쓴 문장을 보고 읽거나 말하는 중간중간 "무척 어색하네요. 하지만 숙제니까 일단 계속해 볼게요"라고 말하며 어려워하기도 했다. 녹음을 의식해서 평소와 다르게 말을 하는 경우가 많았다. 근무하면서 자기 말을 녹음하기 어려운 사람은 내게 음성 편지를 남기기도 했다. "선생님, 이런 숙제를 왜 내신 겁니까. 일단 하라고 하시니 계속 말하면서 녹음은 하는데 시간이 참 안 가네요. 방금 1분이 지났습니다"라고 녹음 파일을 보낸 분도 있었다. 이런 말도 괜찮았다. 정해진 시간에 신경 써서 말하려는 노력과 평소 말 습관을 고치겠다는 의지를 강하게 만드는 데 함께하는 것만으로도 다행이었다.

두 번째, 세 번째 날이 되면 조금씩 익숙해지고, 개선하고 싶은 부분을 신경 써서 말하려고 노력하는 목소리가 들린다. 기업에 출강해 강의하는 강사도 이 훈련으로 시작했고, 현직 교수도, 개원한 의사도 이 방법으로 코칭을 했다. 말 속도가 빠르던 사람은 조금 느려지거나 부분적으로 천천히 말하려 애쓰는 노력이 느껴졌다.

대체 마침표가 언제쯤 나올지 모르게 말끝을 흐리면서 장문으로 말하던 사람은 처음 시작하는 몇몇 문장에서 조금 더 힘주어 말을 명확하게 끝내려고 했다. 무슨 말을 하는지 헷갈릴 정도로 장황하게 말하던 사람은 단정한 문장들로 끊어서 말하려고도 했다. 말하기 변화를 개선하고 싶은 각자의 목표가 있고, 그 목표에 부합하는지 어떤지 이미 파악하고 있지만 이 방법으로 수업하거나 코칭할 때 내가 지키는 절대 원칙이 있다. 셋째 날까지는 어떤 조언도 하지 않는 것이다. 들은 귀가 있으니 하고 싶은 말이 많지만, 꾹 참는다. 그저 녹음 파일을 마감 시간에 맞춰 제때 제출해 준 수고에 대한 감사를 표한다.

자기 말을 직접 녹음하면서 느끼는 점과 어떤 점을 바꾸고 싶은지 자세히 말하게 하고, 그 말을 듣기만 한다. 놀랍게도 녹음 파일을 제출하던 사람들은 조금씩 작은 변화를 보인다. 말이 달라지기 시작한다. 말 속도를 좀 천천히 하고 싶다고 말한 이는 그 말을 한 때부터 다음 날 숙제로 낸 음성 파일에서도 나아진 말하기 속도를 보여 주었다. 미세하게 조금씩 속도를 조절하며 말했고, 안 될 것 같았는데 속도 조절이 되는 자신의 말하기를 들으면서 기뻐하고 신기해한다. 말을 처음 배우는 어린 아기가 아니라면 자기 말을 천천히 객관적으로 다시 들어 보는 것만으로 이미 어떻게 바꾸고 싶은지 목표가 생긴다. 대부분 자신의 말하기 실력에 낮은 점수를 준다. 그리고 어떻게 개선하고 싶은지 닮고 싶은 사람을 목표로 정한다. 녹음 파일을 내면서 그 모습에 가까워지려 노력하고 애쓴다. 다만, 발음이나 호흡 등은 별도의 훈련이 필요하므로 방법을 제대로 알기 전까지는 쉽게 바뀌기 어려운 점도 있다. 하지만 시간이 조금 더 걸릴 뿐, 반드시 더 좋아졌다. 짧은 문장의 말이 오고 가는 고객을 대하는 말 표현들은 조금 더 세련된 방법의 연습과 훈련이 필요하다.

일상 대화라면 내 말에 귀 기울여 하루에 한 가지씩 일주일 동안만 신경 써서 바꿔 보려 노력하면 금방 더 좋아질 수 있다. 그동안 대학교와 기관을 비롯해 기업에서도 이 방법을 통해 모두 좋은 변화를 끌어낼 수 있었다. 연령과 성별을 가리지 않고 도움이 되었다고 모두 이구동성으로 말했다.

내 말이 어떤지 평가하기 어렵다면 어떤 부분을 바꾸고 싶은지도 모르겠다면 우선 녹음을 해 보자. 녹음해서 들어 보면 내 말을 다시 내가 들었는데도 불편하거나 거슬리는 부분이 있다. 그 부분을 더 좋은 쪽으로 바꿔 보려고 노력하면 된다. 녹음하고 다시 듣기를 더 세밀하게 할 수 있는 연습 방법은 4장에서 구체적으로 다뤘다. 사람은 고칠 수 없다지만 누구든 말은 고칠 수 있다. 당신이 사용하는 말의 일부만 조금 고쳐도 당신이 더 나은 사람이 된다. 아니, 원래 멋진 당신을 말로 꺼내어 보여 줄 수 있다. 내 말을 가장 잘 듣는 사람이 '나'여야 한다. 내가 내 말을 들을 줄 알아야 강점은 살리고 약점은 개선할 수 있다. 평소에 말 선생이 계속 따라다니며 '수잔'(수시로 잔소리)이 되어 줄 수는 없으니 말이다.

스스로에게 건네는 긍정적인 혼잣말

우리나라 최고의 인지심리학자이자 아주대학교 심리학과 김경일 교수님은 《김경일의 지혜로운 인간 생활》에서 낙천적인 성격과 낙관적인 사람의 차이를 언급했다. '낙천적'이라는 것은 선천적으로 만들어진 성격이어서 스트레스를 잘 받지 않지만 '낙관적'인 사람은 스트레스를 받더라도 좋은 일이 일어날 거라는 생각을 잃지 않는다고 했다. 그리고 이 낙관성은 후천적인 노력과 연습을 통해 만들 수 있다고 했다. 노력과 연습으로 만들 수 있다니 그 자체로 낙관적인 설명이었다. 설령 스트레스를 받더라도 "잘될 거야"라고 말할 줄 아는 사람, 그런 생각을 잃지 않는 사람이 건강 수명도 더 길다고 했다.

책을 읽으면서 주변에 사람이 없거나 금방 관계가 정리되는 사람들이 떠올랐다. 반대로 그저 사람 좋다고 알려진 지인들도 생각났다. 단순히 성격의 문제라고만 여겼는데 가치관이 다른 것이었다. 그중 낙천적인 성격인 줄로만 알았는데 일도 잘하고 인간관계도 두루두루 좋았던 '낙관적인' 사람들의 얼굴도 떠올랐다. 그 사람들이 쓰는 말들을 비교해 보니 설명이 더 쉽게 이해가 됐다. "아휴, 짜증 나. 어휴! 죽겠네"라고 늘 입버릇처럼 말하는 사람도 있다. 살다 보면 상황에 따라 짜증이 날 수도 있고, 화가 날 수도 있다. 그러나 입버릇처럼 말하는 부정적인 말들 때문에 상황을 더 악화시킬 수도 있다. 말 하나로 달라지지 않는 것이 아니라, 말 때문에 영향을 미친다. 부정적인 감정을 일부러 증폭시켜 내뱉는다면, 그 말을 할 때 표정도 같이 찡그리게 된다.

유년 시절, 전학 갔던 낯선 동네에서 새로운 교회를 다니게 되었다. '교회 차'라고 부르는 승합차를 운전하는 전도사님이 걸어오기에 조금 먼 동네에 사는 유년부 어린이들을 태워 교회로 데려다주셨다. 운전하시던 전도사님 얼굴은 가물가물한데 입버릇처럼 말씀하시던 신기한 말은 선명하게 기억한다. 다른 차가 불쑥 끼어들거나 운전이 험한 사람을 보면 늘 똑같이 말씀하셨다. "아이고, 이런! 축복할 사람!" 차 안에 있던 우리들은 까르르 웃었다. 뭐라고 대거리를 하지는 않고 축복한다니! 뒷자리에 옹기종기 타고 있던 나와 친구들은 워낙 자주 말씀하셔서 가끔 서로를 놀리듯 따라 하곤 했다. 화를 못 내시는 착한 어른으로만 생각했는데 조금 더 크고 나서야 그 말을 왜 하셨는지 알게 되었다. 맡은 직분도 직분이거니와 뒷자리 어린이들을 잔뜩 태우고 차마 욕을 입 밖으로 뱉을 수 없어서 화를 누르며 내뱉으신 말이란 것을. 입버릇이 맞았다. 좋은 습관이었다. 그때의 전도사님보다 운전을 자주, 더 오래 하는 어른이 되었다. 운전하다 보면 황당한 순간, 당황스러운 태도들을 종종 볼 수 있다.

전도사님의 말은 짜증과 화를 누르는 버튼이 되었다. 운전 중에 난폭하게 끼어드는 차를 만나면 나도 그 '축복하는 말'을 한다. 늦게 귀가하는 날 주차장에 차 댈 자리가 없으면 "아이고. 성실한 사람들. 벌써 다들 집에 계시네?"라고 혼잣말한다. 그러면 주차할 자리가 없어서 짜증이 나는 것이 아니라 이렇게 성실하고 건전한 이웃들과 살고 있다는 생각으로 바뀐다. 조금 멀리 다른 곳에 주차하고 평소보다 더 걷게 되더라도 신기하게 그 말을 하고 나면 짜증이 반으로 줄어든다. 그리고 이내 '주차를 편한 자리에 하지 못해 속상한 마음'은 사라지고 다음 날 출근 준비나 집에 가서 해야 할 일들로 생각이 옮겨 간다.

중요한 발표나 계약을 위해 최종 협상을 앞둔 분들을 코칭할 때 늘 잊지 않고 말씀드린다.

"당일 아침에 일어나면 다른 때보다도 살짝 긴장하게 되실 겁니다. 꼭 스스로 토닥거리는 응원의 말로 하루를 시작하세요."

자신을 향해 처음으로 그렇게 말하는 자신의 목소리를 들으면 쑥스럽고 부끄러울지 몰라도 막상 하고 나면 기운 나는 에너지를 가진 파동의 말이 된다.

"나보다 잘하는 사람이 어딨겠어. 오늘 내가 최고다!"

"진짜 열심히 연습했으니까, 오늘은 딱 준비한 대로만 잘해 보자!"

"오늘 기분 정말 좋네! 뭐든 다 좋은 일만 생기겠는데?"

이렇게 말하는 것이 도저히 입이 떨어지지 않는다면, 써 놓고 읽기라도 해 보자. 읽는 목소리를 녹음하는 것도 좋다. 중요한 입찰을 앞두고 사흘 전부터는 나 자신에게 하는 말을 녹음하고 아침에 예약 문자 메시지로 설정해서 보내 둔다. 그럼, 바쁘게 준비하는 중에도 화장하는 동안 내가 내 말을 듣고, 운전하고 가면서도 음악 대신 듣는다. 떨리고 긴장되는 순간, 차분하지만 힘 있게, 기분은 좋지만 들뜨지 않게 미리 녹음해 둔 내 목소리의 컨디션으로 갈아입을 수 있다.

내가 나를 응원하는 목소리는 생각보다 힘이 세다. 어린이나 학생 시절에는 어른들의 응원이 종종 있었다. 학교 시험을 치르기 전에 시험 잘 보고 오라는 격려를 받았지만 어른이 되고 나이가 들수록 그런 응원을 아침부터 들을 일이 거의 없다. 아무도 안 해 주면 내가 직접 하면 된다. 내가 낙관적인 성향이라 그런 것으로 생각하는 독자가 있을 수도 있겠다. 앞서 낙관성은 후천적인 노력과 연습으로 좋아진다고 하지 않았나. 말하기 코칭에서 만난 이들에게도 이 방법을 권했다. 낙관적인 아침 첫 마디는 그들의 삶에도, 일에도 통했다. 중요한 말을 해야 하는 상황에 도착 전, 평소보다 아주 조금만 더 우렁찬 목소리로 "안녕하십니까!" 하고 첫인사를 자신 있게 입 밖으로 소리 내어 보는 것만으로도 그날 마주할 순간들을 푸는 열쇠가 될 수 있다. 준비한 시간이 헛되지 않게 이끌어 줄 것이다.

이미지 트레이닝을 하는 방법은 운동선수들이 훈련에서 자주 사용한다. 거창한 시뮬레이션이 아니어도 머릿속으로 '그 순간'을 떠올리고 준비한 대로 말하고 있는 자신을 그려 보자. 그리고 스스로 상황을 낙관적으로 이끄는 말 한마디 건네는 것으로 하루를 시작하자. 나는 이 낙관적인 혼잣말이 정말로 상황을 좋게 만든다는 것을 자주 느끼고 있어서 마무리까지 미리 그려 보며 연습한다.

참석자가 많은 자리에서 사회를 보거나 강연해야 하는 날이면 나는 내게 말을 건다.

"큰 박수 보내 주셔서 감사합니다."

"끝까지 잘 들어 주신 여러분 덕분에 저도 에너지 얻었습니다."

박수가 나올지 안 나올지 모른다. 청중이 중간에 나갈 수도 있다. 하지만 이렇게 말하고 간 날은 준비한 만큼 해낼 수 있었다. 아침에 눈을 뜨고 침대에 기대어 앉아서 30초쯤 이렇게 조용히 말하다 보면 잠도 빨리 깬다. 내 마음을 도착해야 할 장소로 먼저 보내 놓은 느낌이 들어 안도감도 든다. 평소 자주 긴장하거나 앞에 나가서 말하면 심장이 유독 더 쿵쾅대는 분들에게 꼭 권하고 싶다. 상황을 더 좋게 만들 당신의 낙관적인 혼잣말을 꼭 해 보시길.

상황을 좋아지게 만드는 마법의 표현

한때 '○○적 사고'라는 밈이 유행이었다. 아이돌 그룹 아이브의 멤버 장원영 님이 한 말 때문에 생긴 밈이었다. 그가 빵집에서 긴 줄을 선 끝에 자신이 빵을 살 차례가 되자 빵이 모두 소진된 상황에 맞닥뜨렸다. "빵이 다 소진되어 새로 구워야 해요. 조금만 기다려 주세요." 이 말을 들었다면 과연 당신은 어떻게 반응했을지 잠깐 생각해 보자.

① "아휴, 하필 내 순서에서 딱 끊긴담. 오늘 재수 없네." (상황을 탓하고
　　짜증 섞인 반응)

② "얼마나 기다려야 하지? 시간이 없는데… 에잇! 조금 일찍 나올 걸."
　　(자신을 탓하는 말)

③ "어머! 어쩜. 새로 구운 따끈따끈한 빵을 제일 먼저 받게 됐잖아. 더

맛있는 빵을 먹을 수 있겠어."(상황이나 자신 탓을 하지 않고 긍정적으로

재해석한 말)

장원영 님의 반응은 3번이었다. 조금 더 기다려야 한다는 말에 아쉬워하기보다 새로 갓 구운 빵을 받을 수 있어서 기쁘다는 표현을 해서 네티즌들은 호응을 보냈다. 이름은 알지만 팬은 아니었던 내가 팬이 된 순간이었다. 똑같은 상황이라도 어떤 태도를 가지고 어떻게 반응하며 말하느냐에 따라 상황이 달라진다. 그 후로 사람들은 '원영적 사고'라고 별명을 붙이고 밈을 만들었다. 말을 예쁘게 해서였을까, 무대 위에서 노래 부르고 퍼포먼스 하는 모습도 그 전보다 더 멋지게 보였다. 당시 비교적 어린 나이였음에도 사고의 깊이가 다르다는 생각이 들었다. 상황을 부정적으로 인식해 거친 말을 뱉기보다 '원영적 사고'처럼 상황을 바꿀 수 없거나 긍정적으로 재해석하더라도 크게 지장이 없는 일에는 그런 혼잣말도 필요하다. 잘 알지만 일상 생활 속에서 당황한 일이 생기거나 황당한 상황에 부딪히면 당장 적용하기가 어렵다. 그렇다면 딱 한 문장을 정해서 입버릇으로 만들자.

좋아하고 응원하는 배우 박은빈 님은 일이 많거나 무언가 연습을 해야 할 때 스스로 이렇게 되뇌었다고 한다.

"그렇지만 어쩌겠나. 해내야죠!"

고운 음성이지만 단단한 말투로 자신에게 들려주는 혼잣말이 마음을 잡게 해 주었다고 고백했다. 시청자들에게 큰 사랑을 받아 여전히 회자되는 드라마 〈이상한 변호사 우영우〉에서 자폐스펙트럼이 있는 우영우 변호사 역할을 연기할 때도 자주 혼잣말로 했던 문장이었다고 한다.

〈tvN 유퀴즈〉에 출연했을 때 말한 "해내야죠"가 회자되면서 유튜브에 "해내야죠"를 검색하면 바이올린 연습을 하면서 "어쩌겠습니까, 그렇지만 해내야죠!"라고 해사한 얼굴로 연습을 이어 가는 모습도 볼 수 있다. SBS 드라마 〈브람스를 좋아하세요〉에서 채송아 역을 해내기 위한 다짐이었다. 자신의 노고를 알아주고 오늘 '잘 해내려고 노력했다, 고생했다'라고 다이어리에 쓰면서 내일을 맞는 말이라고 했다.

"해내야죠!"가 주어진 책임이 클 때 자기에게 보내는 격려였다면, 어려운 상황을 버티게 해 주는 혼잣말도 있다. 대학교 4학년 때 방송사 공채 리포터로 선발되어 또래보다도 방송을 일찍 시작했지만 리포터가 아니라 어릴 때부터 꿈꿨던 아나운서가 되고 싶었다. 방송 프로그램을 맡아 취재를 하면서도 그런 마음을 살펴준 방송사 배려 속에 다른 방송사 시험을 계속 치를 수 있었다. 하지만 그때마다 최종에서 떨어졌다. 뭘 해도 안 되는 시절은 누구나 있나 보다. 애초에 1차 전형부터 떨어졌다면 그다음은 시도조차 하지 않았을 텐데 마치 희망 고문처럼 최종 전형에서 탈락하는 일이 잦았다. 너무 자주 떨어져서 탈락에 대처하는 내공도 생겼다. 슬퍼하거나 좌절할 시간도 없이 바로 다른 방송사 시험 일정에 맞춰 준비해야만 했다. 대체 뭐가 부족해서 최종에서 탈락하는지 아무도 알려주지 않았다. 부족한 점을 제대로 알 수 있다면 참 좋겠다는 생각만 들었다. 답답함이 겹겹이 늘었다. 그렇다고 스트레스만 받고 있을 수는 없었다. 나는 미래의 나에게 말을 걸었다. "아니! 얼마나 잘 되려고?" 당장 내가 해결할 수 없는 상황과 환경에서 잠시 떠나 미래에 잘 되어 있는 나를, 내가 바라는 나를 상상하며 이 말을 내뱉었다. 고작 그 말밖에 할 수 있는 게 없어서 어이없이 웃기도 했지만, 수십 번을 반복했다. (이 말을 반복했다는 것은 무수히 많은 불합격 확인을 했다는 뜻이다). 그런 상황이 겹쳐 일어날 때는 자판기에서 몇 초 만에 음료수 캔 뽑듯 자동으로 그 말이 튀어나왔다.

"아니! 얼마나 잘 되려고!"

개그맨 윤성호 님도 불교 사상을 EDM으로 전파하며 큰 인기를 얻기 전까지 힘든 터널을 지나왔다고 말했다. 코로나 때 일이 줄고 없어지면서 매우 힘든 시기를 보낸 그는 유튜브 채널을 좀 더 잘해 보고자 야심차게 새 콘텐츠도 올렸다. 당장 수입이 없어도 촬영과 편집자 월급도 마련하고 운영하면서 일어설 수 있었다고 했다. 그런데 예상하지 못했던 일이 일어났다. 유튜브 채널 해킹을 당해 아무것도 사용할 수 없게 되었다고 했다. 그는 그때를 '가게를 차렸는데 하루아침에 사라져 버린 느낌'이라고 표현하며 한 방송에서 눈물을 보였다. 하지만 그 역시 마음을 바로잡는 혼잣말을 하며 버텨 냈다고 했다. '해가 뜨기 전이 가장 어둡다', '좋은 일이 생기면 나쁜 일이 생긴다'를 생각하면서 그가 내뱉었던 말 역시 "내가 얼마나 잘 되려고 이렇게 힘든 거야"라고 자신을 다독였다. 그렇게 말하니 힘든 상황 속에 멈춰 있지 않고 무엇이든 하게 됐다고 했다. 중국어 시험에도 합격할 만큼 꾸준히 공부도 했다. 말에는 힘이 있다. 상황을 좋아지게 만드는 시작이 될 수 있다. 힘들고 불편한 상황을 어떻게 재해석해서 반응할지 선택은 자신에게 달려 있다. 정말 중요하다.

녹록하지 않은 세상에 노 저을 힘이 없다면 배는 계속 물 위에서 빙빙 돌지도 모른다. 어느 방향으로든 노를 젓기 위한 동력이 필요하다. 더 큰 노를 구할 수도 없고, 배도 당장 바꿀 수 없다면 노 저을 힘, 바로 스스로 격려하고 사랑하고 버티게 하는 한 문장이 필요하다. 살면서 항상 좋은 일만 있기는 어렵다. 좋은 일은 오히려 아주 가끔씩 일어난다. 삶의 면면을 돌아보는 거창한 시간까지는 필요하지 않다. 지난주에 내뱉었던 혼잣말을 떠올려 보자. 스스로 삶을 대하는 자신의 태도를 관찰할 수 있다.

혹시 지금 태풍 속에 있는가. "얼마나 잘 되려고 이렇게 힘이 드는 거야", "어쩌겠습니까. 해내야죠!" 이렇게 노 젓는 한 문장이 구명조끼가 되고 구조대가 되어 줄 수 있다. 지금 입 밖으로 소리 내어 말해 보자.

원하는 것이 진짜 이루어지는 완료형 문장
——

새 학년이 시작된 어느 첫날, 초등학교 5학년 교실에서 담임 선생님이 학생들에게 동그라미 종이를 나눠 주었다.

"여러분, 이 종이에 장래 희망을 적으세요. 그리고 아침마다 다 같이 자신의 이름을 넣어서 함께 말해요."

종이를 만지작거리면서 한참 고민하는 어린이, 되고 싶은 게 많아서 종이가 더 필요하다는 어린이, 다른 친구는 무얼 적나 힐끔 보는 어린이들이 섞여 교실이 소란해졌다. 동그라미 종이는 20년 후의 직업들로 채워졌다. 선생님, 경찰, 대통령, 아나운서, 과학자, 문구점 주인까지 저마다 정성껏 쓴 글씨들은 열두 살 어린이들의 '꿈 이름표'가 되었다. 책상 오른쪽 모서리에 붙인 '꿈 이름표' 글씨들은 종이 위에 누워 있다가 어린이들의 목소리로 살아났다. 빨리 온 미래의 인사말이 되었다.

방송사에서 학교를 순회하며 제작하는 프로그램에서 한 고등학교를 찾아갔다. 프로그램 마지막에 들어갈 학생 인터뷰를 위해 1학년 학생들을 운동장에 모두 모이도록 요청했다. 운동장 한쪽 계단식 광장에 차례로 선 학생들을 제작 프로듀서가 한 명씩 인터뷰했다.

"프로그램 마지막에 들어갈 인터뷰예요. 여러분의 꿈이나 장래 희망을 한 명씩 말하면 됩니다. 다 들어갈 시간은 안 되어서 방송에는 몇 명만 나가게 편집이 되니 양해를 해 주세요."

어느 학교에 진학하고 싶다는 말이 돌림노래처럼 퍼졌다. 일부는 쉬는 시간에 나와 인터뷰하는 게 귀찮기도 했고, 일부는 마이크가 쑥스럽기도 해서 대충 친구들과 비슷하게 말을 이어 가고 있었다. 인터뷰가 중간쯤 지났을까, 한 학생이 조금 다르게 대답했다.

"안녕하십니까, 2008년 9시 뉴스 ○○○ 아나운서입니다."

"오올!" 주변에 있던 학생들이 감탄사를 내뱉었다. 조금 다른 그 말이 패기 넘쳤지만 목소리가 작았다. PD가 손짓하며 다시 요청했다.

"방금 그 학생, 한 번만 더 크게 말해 줄 수 있어요?"

좀 전에 말했던 학생의 목소리에 아까보다 조금 더 힘이 실렸다. 친구들의 박수가 이어졌다.

열두 살부터 아나운서가 되고 싶었던 어린이가 고등학교에 진학한 후 방송사 인터뷰에서도 꿈을 말한 사례다. 열두 살 어린이와 열일곱 살 고등학생은 바로 지금 책을 쓰고 있는 필자다. 40대인 지금보다 그때가 더 용감했던 것도 같다. 지금 똑같은 상황에서 다시 말해 보라고 하면 머뭇거릴 것 같다. 기회만 되면 아나운서가 되고 싶다고 외치던 시기를 지나 아나운서를 해냈고(!) 그만둔 이후로는 '가치 있는 말하기를 돕는 사람이 되고 싶다'라고 말한다. 20년 가까이 말한 대로 되었고, 말한 대로 이루어지고 있다.

넷플릭스 드라마 〈더 글로리〉와 tvN 드라마 〈눈물의 여왕〉에서 두 번 다 악역을 연기해 주목받은 배우 박성훈 님은 인터뷰 프로그램에 출연해 놀라운 에피소드를 들려주었다. 언젠가 부산국제영화제에 방문했을 때 지인들과 밥 먹는 자리에서 한 명씩 돌아가면서 각자의 소망을 말하게 되었다고 했다. 그는 '〈오징어 게임2〉 출연'과 '오디션 보지 않고 바로 섭외받기'를 말했다고 한다. 자신이 말할 순서가 되어서 그냥 속으로 생각하던 말을 한 것이었는데 두 가지 모두 다 이뤘다고 상기된 표정으로 말했다. 실제로 〈오징어 게임 2〉에 출연을 확정하고 촬영하고 있다고 했다. 원하는 것을 말로 내뱉으면 어느 순간 그 목표에 가까이 가 있더라고 했다.

인터뷰를 보고 나니 몇 년 전에 한 모임에서 지인들끼리 버킷리스트를 말하던 때가 떠올랐다. 글 쓰는 모임이라 다들 책에 관한 목표를 말하는데 어쩐 일인지 그날따라 나는 또 조금 다른 걸 이야기했다. 전 세계에 있는 미술관 투어를 하고 싶은 소망이 있다고 고백했다. 말할 때만 해도 미술 여행 관련해 아무런 계획이 없었고 그저 언젠가 이루고 싶다고 생각한 일이었다. 전공자도 아니고 미술 애호가 중의 한 명일 뿐이다. 그저 시간 날 때 국내 미술관이나 전시회 관람을 가끔 다니는 정도였다. 해외 미술관은 단 한 번도 가 보지 못했다. 모임을 주최한 이가 말을 보탰다. "내가 어디서 들었는데, 꿈은 생생하게 꾸라고 하더라고요. 나는 손글씨로 써서 폰으로 사진을 찍은 후 노트북 바탕 화면으로 띄워뒀어요. 더 잘 이뤄진다던데, 우리도 해 볼까요?" 같은 자리에 있던 사람들이 너무 유난이라며 웃어넘겼다.

모임이 끝나고 집에 돌아오니 갑자기 튀어나온 말 '세계 미술관 투어'를 정말 할 수 있으면 좋겠다는 생각이 들었다. 강의안을 만들 때 간단하게 한 페이지 그림 파일로 만들었다. 그리고 스마트폰에 저장해 종종 그 버킷리스트를 꺼내 보곤 했다. 매일 꺼내지도 않았는데 어쩌다 생각날 때마다 꺼내서 보고 말하던 세계 미술관 투어는 거짓말처럼 그해 가을 어느 정도 이뤄졌다. 프랑스 미술관 투어를 떠나게 된 것이었다. 떠나기 3주 전에 갑자기 비행기를 예매할 정도로 예기치 않은 여행이었다. 전 세계 미술관 투어가 부럽지 않을 만큼 프랑스 곳곳의 미술관을 다녀올 수 있었다.

그것도 혼자! 신기한 것은 버킷리스트를 적고 나는 그렇게 소망을 말했을 뿐이었다.

"몇 년 후에 다시 그 모임에 나가게 됐을 때 이렇게 말해야지! 전 세계 미술관 투어에 다녀왔더니 와! 진짜 좋았다. 어디 어디 다녀왔냐면…" 마치 다녀온 사람처럼 완료형 문장으로 말했다. 초등학교 때도, 고등학교 때도 '말하는 대로'를 직접 체험해 봐서 그럴까. 입버릇처럼 미래에 대한 소망을 말할 때 자꾸 완료형으로 말하게 된다. (이후 다시 몇 년이 흘러 이탈리아 출장에서도 그 말은 현재진행형이었다. 도저히 들를 수 없던 빡빡한 일정이었는데 비행기 시간이 조정되면서 바티칸 미술관에 들를 틈이 생겨 반나절 시간을 할애해 다녀올 수 있었다!)

대학에서 학생들을 가르칠 때도 발표 수업에서 학생들이 완료형 문장을 활용할 수 있도록 제안했다. H대학 교수학습지원센터에서 한 달 동안 집중적으로 말하기 코칭을 진행하던 때였다. 말하기 수업이므로 매주 한 명도 빠짐없이 발표 실습을 한다. 발표하러 무대로 나온 학생들이 반드시 말해야 하는 규칙을 만들었다. 오늘 어떤 발표자가 되고 싶은지 각자의 말하기 목표를 완료형으로 말하도록 했다. 그 말을 한 뒤에 과제로 낸 주제에 맞춰 스피치를 하도록 했다.

회차가 거듭될수록 학생들은 말했던 목표에 가까워지고 있었다. 참여한 학생들은 가까운 미래에 잠시 다녀오는 화법을 재미있어했다.

> "안녕하세요. 저는 다음 주 프레젠테이션 발표에서 당당하게 해낸 ○○○과 ○○○입니다. 발표를 시작하겠습니다."
>
> "안녕하세요. 오늘 발표를 마치면 분명하고 조리 있게 말했다는 평가를 받은 발표자 ○○○입니다."
>
> "안녕하세요. 지난 주에는 많이 긴장해서 발표했지만, 오늘은 떨지 않고 끝까지 주제에 맞춰 준비한 대로 잘 해낸 ○○○입니다. 그럼, 발표를 시작하겠습니다.

어법에 맞지 않더라도 이미 자신이 원하는 목표의 이상적인 모습을 완료했거나 타임머신을 타고 미리 보고 온 것처럼 말하도록 했다. 듣는 학생들도 청중의 관점에서 모두 한마음으로 응원하는 분위기가 이어졌다. 같은 학교의 같은 수업을 연달아 두 번 진행했는데 한 클래스에는 이 방법을 적용하고, 다른 클래스에는 적용하지 않았다. 그렇게 한 달 동안 수업을 각각 진행했고 프로그램을 최종 마칠 때 두 그룹의 차이는 현저히 달랐다. 발표 직전에 긍정적으로 자신의 목표를 완료형 문장으로 말하고 시작한 클래스 학생들의 성취도 결과가 모두 더 좋았다.

관계학 분야 보디랭귀지 전문가인 앨런 피즈Allan Pease와 바바라 피즈Barbara Pease는《결국 해내는 사람들의 원칙》이란 책에서 확언의 효능을 우리 뇌의 RAS를 들어 설명한다. 그들은 망상활성계Reticular Activating System를 이른바 '소원 성취 시스템'이라고 불렀다.

RAS는 뇌의 한 영역으로, 감각 정보를 취사선택해 대뇌피질로 보내는 신경망이다. 그물처럼 퍼져 있어 그물 구성체라고도 부르는 RAS는 수면, 각성, 호흡, 심장박동, 행동유발 등 인간 생체의 여러 가지 중요한 기능에 영향을 미친다고 했다. RAS에 확언은 꿈을 현실화하는 실행 명령어다. 앞서 말한 완료형 문장의 결과들을 뇌과학으로 증빙할 수 있는 문장이어서 풀리지 않던 근거를 찾았다는 생각이 들었다. 그냥 느낌이나 우연이 아니었다.

'온 우주가 도와주는 것 같다'라는 말은 더 이상 드라마 대사만은 아니다. 자기충족적 예언 또는 완료형 긍정 확언은 세운 목표를 조금 더 가깝게 이룰 수 있는 마법의 문장이다. 곰곰이 생각해서 말하든, 갑자기 튀어나온 소망이든 상관없다. 일단 입 밖으로 소리 내 말하면 소리의 파동을 의미로 듣게 되고 그 의미는 삶의 핸들 방향을 틀어 원하는 목표로 다가가게 한다. 원하는 것을 진짜 돕는 단 하나의 문장을 독자들도 말하고 이루시길! 아니, 다시 말해야겠다. 독자분들도 각자의 목표와 소망을 이뤘다고 말하는 목소리를 머지않아 들었다. (라고 확언한다.)

말할 때는 비디오가 아닌 라디오처럼

—

라디오 취재 리포터로 활동하던 때였다. 대체 이 상황을 어떻게 소리로만 생생하게 말해야 하나 늘 고민이 많았다. 녹음기 하나 달랑 들고 녹음해 온 시민들의 말, 취재 대상자의 인터뷰, 현장 소리만으로는 제한된 시간 안에 실감 나게 전하기가 빠듯했다. 영상으로 보여 주면 분위기가 오롯이 전해질 텐데 축제 현장 취재를 라디오로 방송하라는 미션이 정해지면 취재 나가기 며칠 전부터 잠을 못 잤다. 7분 안에 담아내야 할 현장 소리가 무엇이 있을지 예상하면서 준비하고 현장에 도착해서도 부지런히 뛰어다녔다. 다만 장황해지지 않도록 하는 것이 중요했다. 의성어와 의태어를 적절하게 사용하며 현장 배경을 말로 그려 냈고 색깔이나 모양을 표현하는 말을 해야 할 때는 비유를 하거나 구체적으로 설명했다. 말하기만으로 현장의 생생함을 담는 방법을 제대로 배울 수 있는 시간이었다.

라디오처럼 이야기하는 것은 상대의 눈앞에 보이듯 자세하게 오감을 곁들어 말하는 것이다. 그 상황에서 느낀 감정을 덧붙이는 것도 좋은 방법이다. "오늘 오랜만에 단비가 30밀리미터 내려 대기 질이 깨끗해졌습니다"라는 표현을 라디오에서 한다면 "오늘 오랜만에 단비가 30밀리미터 내려 미세먼지로 가득했던 대기가 심호흡하고 싶어질 만큼 깨끗해졌습니다. 이곳 공원에 산책하는 시민들도 많이 보이고, 며칠 동안 답답했던 숨쉬기가 한결 편해졌습니다"라고 바꿔 말할 수 있다.

흥미를 유발해야 하는 이야기라면 시간 순서대로 말하는 것이 아니라 흥미를 가질 법한 대목부터 시작해 이야기를 풀어 가는 것도 좋다.

A : "어제 축구 봤어? 기가 막힌 장면이 나왔는데!"

B : "기가 막힌 장면? 늦은 밤 중계라 일찍 자느라고 놓쳤네. 무슨 장면?"

A : "몇 년에 한 번 나올까 말까 한 멋진 헤드 트릭이 나왔지. 캐스터 목소리가 한 톤 올라가더라고. 스포츠 기록에 남을 만한 명장면이었어."

B : "오? 진짜?"

스포츠 캐스터 목소리도 한 톤 올라가서 목이 쉬도록 환호성을 외쳤다든지, 슬로우 비디오로 두 번 정도 다른 각도에서 다시 보여 주는 것이 보통의 중계 화면이라면 이 골만큼은 다시 보여 주기를 네 번이나 보여 줄 만큼 굉장했다든지 상황을 세밀하게 묘사해서 덧붙이면 생동감 있는 말로 바뀐다. 그 선수가 어떤 발을 올렸다가 머리 위로 공을 넘겼고, 골대 오른쪽을 맞았다거나 골키퍼가 손을 번쩍 들었으나 그 위로 아슬아슬하게 지나가 골문을 흔들었다는 말까지 더해지면 당장 그 장면을 보지 못해도 듣는 사람을 그 현장에 데려다 놓아 살아 있는 말이다.

비디오는 이 내용을 단 몇 초 만에 다시 보여 준다. 그 화면을 다시 찾아서 보여 줄 수 없다면 생동감 있게 말해 보자. 어떻게 생생하게 말해야 하는지 아직 어렵다면, 말하고 싶은 내용을 초 단위로 묘사해서 말하자. 어제 먹은 점심 메뉴를 자세하게 말해 보는 것으로 연습해도 좋다. 라디오처럼 자세하고 생동감 있게 표현하려면 관찰이 필수다. 음식을 가져다주는 사람의 표정이나 그릇의 담음새, 음식의 맛은 물론 같은 메뉴를 먹는 다른 사람들의 표현까지 눈여겨 관찰하게 된다.

라디오처럼 말하는 것은 세밀하게 관찰한 내용을 바탕으로 듣는 사람에 따라 섬세하게 다듬어서 이야기하는 방법이다. 할 말이 없다거나 어떻게 말해야 할지 모르겠다는 고민이 있다면 작은 일상을 관찰하자. 말수가 적어서 고민이라면 오늘 본 책, 오늘 들은 음악, 요즘 자주 보는 유튜브 채널, 나의 업무, 회사 동료의 도움 등 에피소드는 많다. 생생하게 말하면 내 말을 들으려고 하는 사람이 늘어난다. 내 말을 들어 주는 사람이 늘어나면 말이 가진 영향력도 커진다.

대기업 영업직군 임원 대상 프레젠테이션 교육을 진행할 때의 일이다. 평소 대화할 때, 자신이 너무 나른하게 말한다는 말을 자주 들어 고민이라고 했다. 전기차 충전소 설치를 위해 대규모 아파트 단지에 찾아가 주민 설명회를 해야 하는 업무를 맡은 직군이었다. 관련 법규가 전기차 충전소 필수 설치로 바뀌면서 아파트마다 설치 유무 선택이 아닌 어느 기업과 설치를 계약하느냐의 상황에 놓여 있었다. 규모가 제법 큰 아파트 단지는 계약 경쟁이 치열하리라는 것은 불 보듯 뻔한 일이었다. 미리 약속을 정하고 가더라도 1단계 문턱인 아파트 관리사무소에서 각종 민원과 관리일로 약속 시간이 미뤄지거나 당일 문 앞에서 취소되는 일도 많다고 했다. 특히 각종 민원에 시달리는 관리사무소는 언제나 무뚝뚝하거나 자료를 그냥 놓고 가라고 하는 식이 많아 어떻게 해야 조금이라도 설명할 수 있을지 궁금해했다.

기업에서는 임원 세일즈 스피치 교육에서 다뤄 주길 의뢰했다. 우선 당장 내가 사는 아파트부터 전기차 충전소가 어떻게 운영되고 있는지, 이용하는 전기차 차주들은 어떤 불편함이 있는지, 관리사무소에서는 어떤 것들을 중점적으로 살피는지 사전 조사에 들어가며 관찰했다. 약속하고 방문하더라도 종종 문전박대를 받거나 약속했는데도 자리를 비우는 경우가 있다는 이야기를 듣고 현장 방문 영업직군의 속상함이 고스란히 느껴졌다. 이름을 대면 알 만한 대기업이라 브랜드 인지도에서 밀릴 일도 적었고, 새내기 직장인도 아닌 워낙 실력 있는 임원 직급이라 특단의 대책이 필요했다. 연수원에서 하루 여덟 시간씩 2박 3일 동안 총 24시간 이어진 교육 내내 단 한 가지만 반복 훈련했다.

"라디오처럼 생생하게 말해 보세요."

눈에 당장 그려지지 않는 기술 설명은 최소한으로 줄이고 미리 보기처럼 간결하게 말하되 라디오처럼 생생하게 말하는 방식으로 세일즈 화법 훈련을 이어 갔다. 영상을 볼 때는 자막도 있고, 컷 편집도 짧아 보여 주는 대로 볼 수밖에 없다. 하지만 라디오는 실시간 음악 신청도 받고, 목소리나 소리만으로 전달하는 매체여서 최대한 자세하게 눈에 그려지듯 설명한다. 3초 만에 무슨 음식인지 볼 수 있는 영상과 달리 라디오는 아이스크림을 이야기하더라도 바닐라 아이스크림인지, 컵에 담겨 있는지, 그걸 누가 먹는지, 먹는 사람이 맛있어하는지 시간 내에 가능한 많은 정보를 전한다. 경쟁이 심하고 말할 시간마저 제한되어 있다면 영업 사원의 대화는 라디오 화법을 사용해야 한다.

"오늘도 전기차 충전 민원 꽤 있으셨죠? 저희 회사가 민원 줄여 드릴게요"라는 말로 시작하도록 권했다. 교육에 들어가기 전에 내가 관찰하고 조사한 아파트 단지만 해도 한 시간도 채 되지 않는 시간에 민원 전화벨 소리가 요란했다. 누가 실내에서 담배를 피우는 것 같으니 금연 방송을 좀 해 달라, 어린이 놀이터에 걸려 넘어질 것 같은 장애물이 떨어져 있으니 가서 확인을 좀 해 달라, 이사를 어느 날 하는데 그날 앞에 차를 좀 댈 수 있게 해 달라, 어느 주차 구역에 차가 이중 주차되어 있으니 이동해 달라는 방송을 좀 해 달라는 등 질문이나 요청의 카테고리도 정말 다양했다. 며칠 사이 이런 일들이 쌓이고 쌓이면 아파트 관리사무실 직원 입장에서는 누군가 찾아와서 만나자고 하면 스트레스가 더 쌓이지 않을까. 이런 경우엔 세심하게 상황을 해결하거나 이해하고 있다는 화법으로 풀면 업무에 치이더라도 잠시 집중하게 만들 수 있다.

연수원 교육 첫날, 평소에 어떻게 세일즈를 하는지 물었다. 대기업 영업 베테랑들이었는데도 들을 사람에 대한 고려가 우선인 경우는 많지 않았다. 실적이 중요한 업무였고, 기술적인 부분은 어려운 단어가 많아서 이해시키기 위해 설명할 내용이 많았다. 교육에서는 그동안 자신이 겪었던 가장 무뚝뚝했고, 때로 무례하거나 자신에게 무관심인 태도를 보인 아파트 관리사무소 직원을 떠올리게 했다. 서로 짝을 지어 그때 그 사람이 되어 세일즈 화법 역할극을 했다. 아파트 관리사무소 입장이 되어 보니 고민을 좀 줄여 주겠다, 많이 힘드시겠다고 공감을 해 주는 말이 와닿아 다음 말이 무엇인지 듣게 된다고 했다. 가상의 상대가 되어 준 사람들에게도 라디오처럼 말하기 방식으로 첫 문장을 들었을 때 어땠는지 물었다. 훈련용 연기 상황임을 감안해도 무뚝뚝함이나 무관심한 태도를 유지하기 어렵다고 수긍했다. 일이 많아 보이는 누군가에게 "당신의 일을 내가 좀 줄여 줄 수 있다, 내일부터 질문이나 요청 전화를 아예 안 받게 해 드리긴 어렵지만 적어도 전기차 충전소 민원 전화만큼은 좀 수월하게 해 드리겠다"라고 말하도록 훈련했다. 자신의 힘든 (또는 귀찮은) 일이 앞으로 수월해진다는데 궁금해하지 않을 사람이 없다. 그렇게 봄과 여름에 걸쳐 수십 명의 영업직군 임원 교육이 끝났다. 라디오 화법이 도움되었다는 피드백도 받았다.

연말을 앞둔 어느 날 교육생 중 한 분께 문자를 따로 받았다. 두 계절이 훌쩍 지난 시점이었다. 연말에 직원 대상 영업 실적 우수상을 타게 되었고, 그룹 내에서도 좋은 영향력을 끼친 사람으로 뽑혀 상을 두 개나 타게 되었다는 소식이었다. 그때 교육에서 배운 방법을 적용하니 생각보다 계약도 수월하게 성사시켰고 일이 잘 풀리니 그 다음부터는 더 준비하고 고민하며 일을 하게 되었다고 했다. 인생이 달라진 느낌이 들어서 상을 타고 고마운 사람들을 떠올리니 문득 연수원에서 만난 내가 생각났다는 말까지 쓰여 있었다. 그 문자를 받고 감사를 넘어 감동에 감탄까지 했다. 소식을 전하는 중에도 연수원에서 함께 훈련한 라디오 화법을 자연스럽게 사용하고 있었기 때문이다. 이제는 자연스럽게 온전히 그분의 말하기 방식으로 익숙하게 느껴졌다. 앞으로 더 잘 되실 거라고 감사 인사로 화답했다.

말 한마디 바꾸면 내 일을 대하는 사람들이 달라진다. 상대의 태도가 바뀌니 일할 맛이 난다. 일을 즐겁게 하게 되니 좋은 성과로 이어진다. 라디오처럼 말했을 뿐인데, 한 사람이, 한 부서가, 한 기업이 달라졌다. 그러니 말은 라디오처럼 생생하게!

자주 쓰는 단어 하나 바꾸는 노력으로 내 말하기 습관을 더 나은 쪽으로 바꿀 수 있다. 말하기 습관이 바뀌면 나의 말하기 인상까지 달라진다. 명사나 고유명사 대신 지시대명사로만 말하지 않는지, 상황이 다른데 늘 같은 부사와 형용사만 사용하지 않는지 지금이라도 살펴보자.

4장
——
말하기 기초 체력을
키우는 법

1
매일 좋아지는 연습,
복식호흡

,,

만약 이 책에서 언급한 말하기 비법들 중 단 한 가지만 남기라고 한다면 주저하지 않고 '복식호흡'을 최우선 순위에 두고 싶다. 하지만 체화하기 어려운 방법이 '복식호흡'이기도 하다. 사실 복식호흡 방법 자체는 어렵지 않다. 쉽게만 생각하기 때문에 꾸준한 습관으로 만들려는 노력을 하지 않는 사람도 그만큼 많아서 아쉽다. 들숨과 날숨을 교정해서 말하기 체력을 키워 보자. 사람이 모두가 똑같이 숨을 들이쉬고 내쉬는 것 같아도 잘못된 호흡 방법이 말에 미치는 영향은 꽤 크다. 호흡이 목소리에 영향을 미친다는 것을 의외로 모르는 사람들이 많다. 몇 번 해 보다가 잊어버리거나 잘못된 방법으로 이상하게 따라 하는 경우를 종종 보았기 때문이다. 숨 쉬는 방법만 바로 잡아도 말하기가 좋아진다. 발표를 앞두고 호흡을 가다듬기 전에 발성 연습부터 한다면 눈을 더 크게 뜨시길.

복식호흡 방법을 담은 〈보이스 디자인〉이라는 과정명으로 온라인 연수를 진행했다. 전국에 있는 초중고 교사 대상 온라인 연수 프로그램이라 분기마다 많은 교사들이 온라인으로 수강했다. 복식호흡 파트에서 재미있는 후기를 발견했다.

"이 강의 진짜 도움이 되었어요. 전 특히 목이 잘 쉬는 편이었는데 열심히 따라 했더니 이번 운동회에서는 목이 쉬지 않았답니다."

이분 외에도 직접 강의를 들은 10만 명(2021년까지 집계 기준)이 넘는 분들이 가장 도움이 되었다고 꼽는 것이 바로 복식호흡이다. 숨 쉬고 내뱉는 것을 과연 어떻게 교정하면 좋을까, 지금부터 편안하게 의자에 앉아 글을 보면서 따라 해 보는 독자들이 많길 바란다.

복식호흡 3단계 훈련법
—

복식호흡 훈련은 들숨, 멈춤, 날숨의 3단계로 이뤄진다. 훈련의 기본은 들숨보다 날숨의 시간이 더 길어야 한다는 것이다. 그래야만 제대로 된 호흡 운동이 된다. 4초 들이 마시고, 1초 멈추어 몸 안에 숨을 가두었다가 8초 동안 천천히 입으로 '후-' 하고 내쉰다. 이때 들숨 단계에서 어깨가 위아래 수직으로 움직이지 않도록 주의해야 한다. 어깨나 쇄골이 움직여 그 부분을 긴장시키지 말고, 몸통 전체에 숨을 채운다는 느낌으로 마셔야 한다. 풍선에 공기가 차오르듯 숨을 들이마실 때 흉부와 복부를 포함한 몸통에 가득 공기를 채우는 느낌이다. 간혹 인터넷에 배에만 숨을 채우라며 잘못 알려져있으니 주의가 필요하다. 우리 몸은 배에만 숨을 채울 수는 없다. 호흡하는 폐는 흉부에 있다. 몸통 전체가 복어처럼 부풀 듯이 숨을 가득 채워 흉부를 확장시킨다. 이때 얼굴은 숙이거나 들지 않고 편안한 시선으로 정면을 보도록 한다. 잠시 눈을 감고 들숨에 몸이 어떻게 확장되는지 느끼는 것도 좋다. 들이쉬어 가득 채운 숨을 1초 동안 몸 안에 머금는다. 그리고 다음 호흡에서 천천히 내뱉는다. 4초 동안 들숨을 채웠다면, 1초 후 8초 동안 천천히 뱉어 보자.

첫 숨을 내쉴 때부터 마지막 호흡까지 고르게 조절하면서 다 내뱉는 것이 중요하다. 뱉는 호흡의 첫 1, 2, 3초만 강하게 뱉고 나머지 5초 동안 호흡의 세기가 약해지지 않도록 고르게 유지하는 것이 중요하다. 고른 호흡이 중요하다고 해서 얕고 여린 호흡의 세기를 8초에 맞춰 유지하는 것은 제대로 된 호흡 훈련이 되지 않는다. 생일 케이크의 촛불을 끌 때처럼 강한 호흡이 내쉬기로 한 8초 동안 강하고 고르게 나오도록 '후-' 하고 뱉어야 훈련이 된다. 가끔 왜 '후-'라고 내뱉어야 하는지 질문하는 분들이 있는데 '하-'로 내쉬거나 '히-'로 내쉬어도 괜찮다. 그러나 가급적 흩어지는 모음이 아닌 날숨의 세기를 조절할 수 있는 입을 모아서 내는 음가(소릿값)에 호흡을 실어 뱉는 것이 조금 더 수월하기에 그렇다. 실제로 '하'나 '히'로 날숨을 해 보면 호흡이 흩어지고 스스로 그 모습이 어색해 웃음만 남는다.

'후'라는 음가에 호흡을 실을 때 한 가지 더 주의 사항이 있다. 호흡의 세기를 고르게 조절하려고 하니 양볼에 바람을 잔뜩 넣어 날숨을 하는 사람들이 있다. 처음에 하면 그럴 수 있다. 의도하지 않게 귀여워질지 모른다. 그러나 양쪽 볼에 바람을 넣으면 안 된다. 이 훈련을 하는 이유를 다시 되짚으면 몸의 모든 긴장을 내려놓고, 이완된 상태에서 폐활량을 조절해 성대 진동을 통해 말할 수 있도록 하기 위해서다. 바람을 넣고 말하지 않듯이 코로 들이쉰 숨을 1초 동안 몸에 잠시 머금고 있다가 자신의 입을 통해 호흡이 빠져나간다는 느낌으로 연습해 보자.

내가 20년 동안 아침저녁으로 한 번도 빠뜨리지 않고 하는 것이 복식호흡 운동이다. 작년에 해외에 강연하러 갔을 때 호텔 방 안에서도 했다. 일어나고 자는 시간은 조금씩 바뀌어도 기상 직후와

자기 직전에 하는 복식호흡은 매일 하고 있다. 스마트폰 알람 소리를 듣고 일어나기 때문에 가장 첫 번째 알람은 눈을 뜨게 하는 잔잔한 음악이다. 이 음악이 울린 후 두 번째 알람이 5분 후에 울리도록 설정해 두었다. 두 번째 알람이 울리기 전까지 복식호흡을 침대에 누운 채로 한다. 눈을 감고 누운 채로 차렷 자세를 하기도 하고 때로 호흡의 양을 조금 더 늘리고 싶을 때는 명치보다 위쪽에 두 손을 포개어 올려 호흡의 세기를 확인하기도 한다. 호흡을 천천히 하고 있으면 세 번째 알람이 울린다. 그때는 정말 일어나야 하는 신호다. 복식호흡을 제대로 정성껏 하면 다시 숙면을 취할 만큼 몸이 편안해져서 도로 잠들 수 있기 때문이다.

특히 강의나 방송처럼 평소보다 말을 조금 더 많이 해야 하는 일정이라면 자기 전 복식호흡도 반드시 챙긴다. 아무리 늦게 자더라도 꼭 하고 잔다. 아침에 하는 복식호흡은 오늘 해야 할 말들, 특히 중요한 일정들을 앞두고 하는 워밍업이라면 저녁에 하는 호흡은 긴장한 몸을 원래 상태로 돌려놓는 방법이다. "목소리가 떨려요", "긴장이 되어서 아무 말도 나오지 않아요", "조금만 길게 말하면 목소리가 갈라져요", "말이 분명하게 들리도록 제 목소리가 커졌으면 좋겠어요", "말하면 말 속도가 자꾸만 빨라져요", "앞에 나가서 대표로 말하면 자꾸 긴장해요" 이 모든 발표 불안증을 해결하는 방법은 바로 복식호흡이다.

복식호흡 연습은 빈도가 중요하다

———

목소리나 스피치 관련 고민은 발성 연습으로 해결할 수 있다고 잘
못 알고 있는 경우가 많다. 목소리가 울려 나오게 하는 매커니즘
부터 알면 호흡이 얼마나 중요한지 알게 된다. 성대는 'V자' 주름
으로 되어 있다. 이 주름이 열렸다 닫혔다 반복하면서 소리가 입
밖으로 나온다. 몸통 안의 횡격막이 호흡을 밀어 올려 소리를 진
동하게 하니 당연히 말의 시작은 호흡이다. 사람에 따라 단 몇 번
의 연습만으로도 좋아질 수도 있지만, 복식호흡 연습은 강도보다
빈도가 중요하다. 한 번에 오래 훈련했다고 해서 안정된 호흡이
평생 유지되지 않는다. 매일 말하고, 움직이고, 사회에서 생활하면
서 건강이나 체력이 달라지고 맥박이 때마다 조금씩 차이가 있듯
호흡도 마찬가지다. 복식호흡도 운동의 한 종류라서 우리 몸이 훈
련한 호흡법이 말할 때도 적용될 수 있도록 꾸준히 습관으로 만드
는 것이 중요하다.

　그렇다면 대체 얼마나 어떻게 꾸준하게 해야 할까. 생활 패턴이
나 식습관이 다르듯, 하루 종일 하는 말의 양도 차이가 있다. 그러
나 말을 많이 하든 적게 하든 상관없이 복식호흡은 하루 3분이면
충분하다. 하루 중 복식호흡을 하기 가장 편안한 시간은 대개 일
어난 직후이거나 잠들기 직전이다. 아침저녁으로 3분씩 6분이면

앞서 언급한 큰따옴표의 고민이 사라지거나 좋아질 수 있다.

그동안 셀 수 없이 많은 분의 고민이 복식호흡만으로 해결되었다. 복식호흡을 진짜 작정하고 연습했더니 이제는 말할 때 덜 떨게 되었다든가, 마이크가 없어도 목소리가 크고 분명하게 잘 들리게 되었다는 말을 마치 간증처럼 숱하게 들었다. 호흡은 말의 체력이다. 유창하게 말하는 것도 중요하지만 그보다 안정된 말하기가 신뢰를 더 얻는 기초 세팅 값이다. 지금 당장 해 보자. 복식호흡을 통해 몸이 이완되면 긴장도 줄어들고 말도 술술 나올 수 있게 된다.

2
말하기 연습 환경을 최적화하는
두 가지 방법

99

호흡 운동은 한 번도 빠뜨리지 않고 꾸준히 하고 있는데 그 외의 운동과는 친해지기가 쉽지 않았다. 이러다 하고 싶은 일도 여행도 힘에 부쳐서 못하겠다 싶어 걷기 시간이라도 늘리기로 마음먹었다. 다른 운동을 시작하려니 복장도 운동 장비도 갖춰야 하고, 방송과 강의하는 일 두 가지 특성상 스케줄이 늘 달라지기 때문에 정해진 시간에 학원에 가서 운동하기도 어려웠다. 그러던 중 스마트워치를 차고 걸으니 걸음 수는 물론 심박수와 호흡, 운동의 강도까지 모두 실시간 체크되어 걷는 재미를 느끼게 되었다. 아무 때나 차에서 내려 걸을 수 있도록 운동화도 넣고 다닌다. 1년 가까이 해 보고 느낀 점이 있다. 처음에는 10분도 걷기 힘들었다. (실은 걷지 않으려고 했다는 것이 더 정확하다. 강의 중에 늘 서 있어야 하니 가능한 한 앉거나 눕고 싶은 마음이 컸다.) 꾹 참고 세 번째 걷고, 조금 빠르게 걷고, 다시 걸으니 몸이 한결 가볍게 느껴졌다. 걷기 시작한 지 20분 정도 지나면 걷기 자체에 몰입하게 된다. 체온도 살짝 오르면서 발을 내디딘 지 30분이 되어야 비로소 조금 더 속도를 올려서 뛰는 것도 무리 없이 할 수 있게 된다.

말하기 실력을 키우는 것도 걷기 운동과 같다. 처음부터 완벽하게 시작하려고 하면 아무 말도 할 수가 없다. 말은 타고나야 한다거나 유창해야 잘한다고 생각할 수도 있지만 상황과 목적에 따라 말하려는 내용에 따라 다를 수 있다. 다양한 말하기 상황을 두루 겪고 지켜보고 코칭한 결과, 반드시 유창하지 않아도 된다는 점을 알게 되었다. 어느 순간 한 번에 잘하려고 그때만 줄기차게 연습하기보다 평소 주고받는 대화부터 연습이 차곡차곡 쌓여야 직장 생활에서 회의 발언이나 보고를 잘할 수 있는 체력이 생긴다. 그런 체력이 있어야 앞에 나가 발표도 할 수 있고, 프레젠테이션하면서 투자도 받고, 비즈니스 관계에서 계약도 할 수 있게 된다.

그렇다면 평소 연습 환경은 어떻게 만들 수 있을까. 뛸 수 있도록 20분 걷기를 하듯 자기만의 루틴을 만들면 좋다. 나는 2만 시간 넘게 강의했음에도 새로운 장소에 가서 처음 만나는 사람들 앞에서 강의하려면 여전히 전날부터 긴장하는 편이다. 하기 싫은 긴장감이 아니라 잘 해내고 싶은 설렘이 담긴 긴장감이다. 그래서 강의 시작이 오후 2시라면, 전날 같은 시각 2시에도, 당일에 점심 먹고 이동하는 차 안에서도 상상만으로 나를 미리 강의 장소에 데려다 놓는다. 전날에도 점심 직후에도 이미 나는 차 안에서 혼자 첫인사말을 해 보며 강의 연습을 반드시 소리를 내 말로 해 본다. 두 시간 이상 강의가 있다고 해서 그만큼 내내 연습하지는 않는다. 목만 아플 뿐이다. 오늘 할 강의 내용의 첫인사는 반드시 입 밖으로 소리 내 보고, 마무리 인사말도 미리 말해 본다. 그러면 시작과 끝 안에서 내가 해야 할 강의 내용들이 항목별로 추려진다. 내용이 전환되는 지점의 각 헤드라인이 되는 첫 한두 문장만 그 순간이 시작된 것처럼 말한다. 그렇게 5분 연습은 시간이 당겨져 강의나 강연을 일찍 시작하게 되더라도 바로 마이크를 잡을 수 있는 내공을 가진 사람으로 성장하도록 만들었다.

내재적 동기와 외재적 동기

———

두 번째 방법은 내게 맞는 연습 동기를 찾는 것이다. 심리학에서는 욕구를 동기로 보고 '내재적 동기intrinsic motivation'와 '외재적 동기extrinsic motivation'로 나눈다. 내재적 동기란 그 자체가 좋아서 하게 되는 것이고, 외재적 동기는 그 행위 자체보다 결과가 좋아서 하는 것을 말한다. 앞에 나서서 말하는 것을 좋아한다면 내재적 동기의 충족이지만, 대회에서 수상을 하기 위해, 또는 업무상 필요한 역량이라서 말을 잘 해야만 한다면 외재적 동기의 충족을 위해서 연습하는 것이다. 평소에 말하는 것을 꺼리지 않고 즐기는 편이라면 자신이 하는 말을 다양하게 변주해서 활용하자. 말의 양을 늘리기보다 내가 해야 할 말이 담고 있는 질적 의미를 문장의 개수를 줄이되 표현법을 바꿔서 연습하는 것도 좋다. 서사적 또는 시간 순서에 따라서만 말하는 습관이 있다면 앞뒤 순서를 바꿔서 연결하며 말해 보는 식이다. 예를 들어 새로운 취미 활동을 위해 필라테스 학원에 등록한 것을 친구에게 말하는 상황이라고 가정하자. 평소라면 같은 상황을 친구에게 말할 때, 필라테스 학원이 가까운지, 새로 등록한 학원 분위기는 어떤지, 학원비는 어느 정도 하는지, 첫날 수업을 받으니 어떤 게 재미있었는지 전부 다 말하는 습관이 있었다면 줄여서 한 가지만 자세히 말하는 것으로 바꿔 보자. 듣는 이가 더 흥미로운 표정으로 물어볼 것이다. "그래서? 다음 주에도 가?"

외재적 동기로 움직이는 사람은 스스로 적절한 보상이 필요하다. 다만 노력에 비해 보상이 크거나, 노력하지 않았는데 보상하는 것은 옳지 않다. 연습을 상황에 맞춰 적정량을 해내고 나면 외재적 동기에만 매몰되지 않도록 주의가 필요하다. 원하는 결과나 성과가 내 말하기로 이뤄지지 않더라도 다시 하려는 의지를 잃지 않아야 한다. 외재적 동기가 사회적 관계나 업무에 미치는 영향이 더 크기 때문이다.

누구나 가지고 있는 스마트폰을 활용하면 말 주변 알고리즘을 쉽게 바꿀 수 있다. 한 대학에서 외래교수로 강의하던 때 학생들에게 익명으로 사전 조사를 했다. 평소 자주 보는 유튜브 채널과 그 이유를 적어 내도록 했다. 스피치 교과목에서 일주일에 세 시간 단체 수업을 듣는 것만으로는 학생들의 스피치를 변화시키기 어려웠다. 한 학기 동안 빠르게 성장시키고 싶은 욕심도 있었다. 주로 게임과 유머 채널에만 노출된 학생들이 많아서 안타까웠다. 각자 좋아하는 선호도는 둘째치고 그들이 듣는 말의 주변 환경을 바꿔 주기 위해 매주 짧은 강연이나 좋은 말을 담은 유튜브를 두 개찾고 친구들에게 서로 추천하도록 안내했다. 그리고 찾은 유튜브링크는 한 개의 온라인 게시판에 모두 모아 공유했다. 15주 한 학기 동안 이론 수업과 시험을 제외한 10주 동안 '좋은 말' '배우고싶은 롤 모델의 말'에 노출되도록 했다. 그리고 수업 때마다 그 내용을 요약해서 발표하도록 했다.

학기 말 학생들은 어떤 변화를 보여 줬을까. 말 주변 바꾸기 실험은 대성공이었다. 쉬는 시간에 사용하는 말을 모른 척하고 들어 보니 사용하는 어휘도 제법 세련된 어휘들로 대체되었고, 학기 초 발표를 할 차례가 되면, "와. 이씨, 야. 음…"만으로 한 문장도 제대로 말하지 못하고 머리만 긁적이던 학생도 완성된 문장으로 토론을 할 수 있게 되었다.

안타깝게도 거친 말을 많이 듣고 자랐다면, 아쉽게도 주변에 좋은 말을 해 주는 사람이 적다면 온라인 멘토를 찾아보자. 얼굴을 직접 보지 않아도 온라인에 좋은 강연 영상이 많이 있다. 독자 중에서 매일 휴대전화로 보는 영상 채널 중에 강연 영상이 한 편도 없다면 이번 기회에 추가해 보시길. 유튜브 중에서도 강연 영상이나 인터뷰 프로그램을 조금씩 자주 보시길 권한다. 유튜브에서 '인문학' '강연' 등의 키워드만 넣어도 관련 영상이 제법 많다. 추천하는 채널은 '세바시(세상을 바꾸는 시간)'다. 표정, 제스처, 말의 내용, 첫 시작하는 말, 마무리하는 말, 내용을 전환하는 말 등 하나의 주제 아래 다양한 연사가 등장해서 강연하기 때문에 같은 주제 안에 다양한 의견을 공부할 수 있다. 반드시 발음이 정확하지 않아도, 적확한 단어를 사용하지 않아 조금 버벅거리더라도 괜찮다. 맥락을 유지하면서 자연스럽게 말을 이어 나가는 것만 자주 보더라도 보는 이의 말하기 연습에 도움이 된다.

이렇게 좋은 말들을 듣는 것에만 그치지 않고, 듣고 나서 바로 1분에서 3분 사이로 요약해서 들은 내용을 내 말로 바꿔서 말로 해 보자. 들은 내용 그대로 순서대로 말해도 좋고, 내가 알고 있는 다른 지식이나 사례와 연관지어 새롭게 구성해서 말해도 좋다. 강의 두 편을 비교해서 말해도 좋고, 15분 강연 내용에서 한 문장 핵심 내용만 뽑아 그 핵심어와 관련된 책이나 영화, 음악, 스포츠에 비유해서 말해 보는 것도 좋은 연습 방법이다. 환경을 활용해서 연습은 얼마든지 할 수 있다. '시간이 없어서', '연습 장소가 없어서'는 핑계를 위한 핑계다. 연습은 길게 한 번 하는 것보다 짧게 여러 번 하는 것이 더 효과적이다. 하지 않을 핑계를 대는 것보다 말하기 연습을 최적화할 수 있는 자신만의 루틴 한 가지만 만들자. 이 책에는 연습하면 좋아지는 말하기 비법들이 수록되어 있으니 가장 쉽고 편하게 따라 할 수 있는 것을 고를 겸 책을 다시 살펴보는 것도 추천한다.

3

잘 들리는 말하기를 위한
발음 연습

99

단정한 말을 하고 싶다면 받침 'ㄴ'을 정확하게 발음하자

여러 대학교에 스피치 특강을 다니다 한 학기 외래교수로 스피치 토론 교과를 맡게 된 적이 있었다. 두세 시간 특강이 아닌 체계적인 15주 차 교과목을 맡게 되어 애정이 많이 생겼다. 학기 말 학생들에게도 성적을 주지만, 학생들 역시 익명으로 교수 강의 평가를 한다. 애정을 쏟았던 만큼 강의 평가를 열며 떨리던 순간이 아직도 기억난다. 그런데 첫 번째 평가를 보자마자 그 자리에서 크게 웃음을 터뜨렸다. 이게 뭐라고 이렇게 긴장했었나, 구부정하게 구부려 노트북 화면 앞으로 거북목을 해서 보던 어깨가 뒤로 젖혀졌다. 학생들은 역시 순수하고 예쁘다고 생각하며 다시 한 번 웃게 만든 평가를 눈으로 읽었다.

'교수님, 딕션이 좋으세요!'

아니, 강의 평가라는 게 원래 이런 것이었나, 강의 내용은 어떻게 들었을까, 토론 준비가 어렵지는 않았나 하는 물음표 몇 개가 지나가고 다시 정신 차리고 읽었다. 이 학생은 내가 그 당시에 15년이나 방송을 업으로 이어 온 사람이라는 것을 몰랐던 것일까. 평가인지, 감탄인지, 칭찬인지 모를 이 한 줄 평가는 이후부터 내내 정확한 발음을 이야기해야 하는 순간이 오면, 그림자처럼 따라다녔다.

학기 강의는 끝났지만, 이후 학생을 수소문해서 메일을 주고 받으며 고민을 덜어 주려 했었다. 평소에 웅얼거린다는 말을 종종 듣는다는 새내기 대학생은 어떻게 해야 좀 또박또박 이야기할 수 있느냐고 털어놓았다. 신선한 교수 강의 평가가 맴돌기 때문이기도 했지만, 열심히 하려고 진지하게 질문하는 모습에 지나칠 수 없어서 일주일 미션을 주었다. 하루 동안 보고 들은 콘텐츠를 내게 설명하듯이 다시 녹음해서 보내 주면 피드백을 해 주겠다고 약속했다. 7일 중에 하루 빠지고 나름 열심히 녹음 파일을 보내왔다. 처음에는 쑥스럽다고 무슨 말을 해야 할지 모르겠다면서 30초도 안 되더니 마지막 날 보내온 파일은 무려 3분이 넘었다.

웅얼거리는 습관이 생겼던 것은 혼잣말 외에 평소에 말할 일이 적어서였다. 집이 멀어 통학하느라 다른 친구들과 교류없이 일찍 귀가하기도 했고, 평소에 말수가 적은 편이어서 용기가 나지 않는다고 했다. 처음에는 벽에다 대고 이야기하는 것 같았지만, 점점 내가 흐뭇하게 듣고 있을 생각에 조금씩 말이 늘었고, 신경 써서 말하게 되었다며 고마워했다. 특히 'ㄴ'받침을 'ㅇ'으로 뭉뚱그려서 발음하던 버릇이 고쳐졌다. 녹음 파일을 듣고 피드백을 받고 나서야 웅얼거리는 대부분의 발음이 'ㄴ'받침을 제대로 하지 않아서라는 것을 알아차린 '들을 줄 아는 귀'가 생겼기 때문이었다.

어쩌면 이 책에서 목차를 보고 이 '발음' 부분부터 펼쳐 본 독자도 있을지 모르겠다. 한 분 한 분 다 만나기 어려우니 다음 세 가지에 해당하는지 살펴보시길. 이 세 가지 발음만 잘해도 발음 좋다는 소리 오늘부터 당장 들을 수 있다.

첫째, 'ㄴ'받침을 정확하게 소리 내면 정확한 의미로 표현된다. 의외로 'ㄴ'받침을 'ㅇ'으로 잘못 발음하는 사람이 많다. 대한민국 네 글자는 응원할 때 많이 외치게 되는데, 한목소리로 응원할 때 정확한 발음도 좋지만 기세나 응원의 태도가 더 중요했을 것이다. 하지만, 우리나라를 표현하는 이 네 음절이 발표해야 하는 문장이나 중요한 연설에 들어가 있다면 더없이 중요하다.

① [대항밍국] (X)

② [대한민국] (O)

특히 우리 말 조사 중에 보조사 '은'과 '는'을 자주 쓰기 때문에 더 중요하다. 쓸데없이 없던 애교가 생길 수도 있다. 오래전 한 시트콤에서 아내가 "문희는 밥 먹고 싶어요"라는 말을 남편에게 건넬 때, 극 중 캐리터 상 "문희능 밥 먹고 싶어용"이라고 말해 넘치는 애교를 연기로 표현한 장면이 있었다. 애교를 부리거나 코믹함이 필요한 연기 상황에서는 말맛을 살려 'ㄴ'을 'ㅇ'으로 발음할 수도 있겠지만, 정확한 발음을 구사하고 싶다면, 'ㄴ'을 끌지 말고 단정하게 발음해 보자.

① 저는

② 이번 프로젝트는

③ 지원하게 된 이유는

'는'을 발음할 때 입안에서 혀끝이 앞니 뒷면에 닿아 ㄴ의 형상대로 혀가 움직여야 한다.

혀끝이 입안에 떠 있거나 안으로 말리지 않도록 신경 써서 소리 내면 잘못된 발음을 쉽게 바로 잡을 수 있다. 단정한 말을 하고 싶다면 받침 'ㄴ'을 정확하게 발음하자.

입 모양은 말하는 문장의 성격을 만든다

—

목소리가 잘 들리게 말하는 방법은 발성뿐만 아니라 의외로 발음
도 연관되어 있다. 평소 대화하거나 마이크를 들고 말해야 하는
상황에도 두루 통하는 방법이다. 모음을 발음할 때 평소보다 입
을 좀 더 벌리되 가로로 'ㅣ'모음하듯 벌리는 것이 아니라 위아래
세로로 벌려 모음의 소릿값이 잘 들리도록 말하는 방법이다. 이
렇게 발음하면 소리가 더 크게 들린다. 입안의 공간이 넓어져 공
명을 더 키울 수 있기 때문이다. 성악가들은 마이크를 들고 노래
하지 않는다. 풍성한 성량에 노래 가사가 정확하게 전달되도록
입 모양을 크게 벌려 노래한다. 연극배우들의 연기도 마찬가지다.
웅얼거리며 말해서 상대가 잘 들리지 않는다는 피드백을 받은 적
이 있다면 평소보다 입 모양을 아주 조금만 더 세로로 벌려 소리
내면 된다.

다음 문장을 원래 습관대로 말해 보고, 두 번째 반복할 때는 모
음의 입 모양에 신경 써서 발음해 보자.

"밖에 비가 오네요."

복화술 하듯 입을 거의 벌리지 않고 입술만 살짝 뗀 상태로 말

하면 잘 들릴 리가 없다. 게다가 비가 오는 상황이 몹시 불편했다는 어조로 들릴 수 있다. 의도했다면 의미 전달에 오류가 생기지 않지만, 만약 가뭄 끝, 또는 미세먼지가 잔뜩 지나간 후에 오는 비라면 반가울 것이다. 그때 입술을 열지 않고 입 모양의 높이도 엇비슷하게 고정된 높이로 말한다면 반가운 감정이 아닌 반대로 전달될 수 있다.

나는 어릴 때 치과를 자주 다녔었다. 단 음식을 좋아해 치열이 고르지 못했고 치료 중인 이가 밖으로 드러나는 것이 부끄러웠었다. 그러니 입을 크게 벌려서 말하기는커녕 입을 가리고 말하기 일쑤였다. 웅얼거리고 말하던 습관이 굳어져서 고치기 위해 무던히 애를 썼었다. 같은 문장도 입을 크게 열지 않고 말하면 목소리가 둔탁하게 들리고, 때로는 화가 난 것 같은 감정으로 들린다.

이렇게 발음에 관해 설명하면서도 나는 언제나 모음을 정확하게 발음하는지 늘 궁금했었다. 그런데 남편의 제보로 놀라운 점을 알게 되었다. 어쩌다 꿈꾸며 하는 잠꼬대조차 너무 또박또박 말해서 남편은 가끔씩 무섭다고 말했다. 맥락 없는 잠꼬대에 대답을 했다가 뚝 끊겨서 '아, 잠꼬대구나' 한단다. 잠꼬대마저 또박또박하다고 너무 놀리지 마시라. 딱 하나 예외가 있다. 다툴 때는 모음을 크게 말하지 않는다. 그러면 큰소리 내고 화내지 않아도 기선 제압이 된다. 즉, 독자들이 입을 벌리지 않고, 모음을 정확히 소리

내지 않은 채 웅얼거리듯이 말하면 화난 사람의 말로 오해를 살 수 있다는 이야기가 하고 싶었다. 모음 음가에 알맞은 입 모양의 높이와 크기는 말의 성격을 만든다.

연습하면 반드시 좋아지는 이중모음
—

'의' 발음, '와' 발음 등 아나운서가 되기 직전까지 나는 이중모음이 약했었다. 같은 단어나 문장도 이중모음을 정확하게 발음하느냐 하지 않느냐에 따라 사투리로 구분되기도 하고 말하는 사람의 의지가 느껴지지 않고 대충 말하듯이 들린다. 특히 중요한 자리나 상황에서 대표로 말해야 하거나 주어진 원고를 낭독하거나 읽어야 하는 방송이나 연설, 자기의 장점을 잘 드러내야 하는 면접 상황이라면 더더욱 중요하다.

북한이탈주민으로 우리나라에 정착한 지 10여 년 된 한 선생님이 생각난다. 북에서 지낼 때는 굉장히 활발한 성격이었는데 막상 희망을 품고 내려왔더니 말투 때문에 없던 스트레스가 생겼다는 것이다. 초중고등학생을 대상으로 통일 교육을 강의하는 일을 하셨기 때문에 고치고 싶은 의지가 뚜렷했다. 이 고민을 해결하고 잘못 굳어진 발음 습관을 고치려면 평소에 어떻게 말씀하시는지 여러 문장으로 된 말을 들으면서 특정 문장 안에서만 그러는지 아닌지를 파악해야 했고 입 모양도 주의 깊게 들여다봐야 했다.

때는 팬데믹이 엄중하던 시기여서 서로 마주 보고 가까이 앉아 마스크를 벗는 것은 허용되지 않았다. 일정상 다시 뵙기는 어렵고, 만난 지 단 두 시간 안에 해결책을 내놓았어야만 했다. 삼각대에 휴대전화를 거치하고 얼굴을 클로즈업해서 찍을 수 있도록 설치했다. 그리고 마스크를 내려서 입 모양이 보이게 말하도록 하고, 맞은편 대각선 방향에 앉아 대화를 이어갔다. 특정 문장 안에서 한두 단어만 잘못된 습관으로 굳어진 유형이었다. 북한 사투리의 영향이 그 단어들에만 남아 있었다.

아나운서 시절 늘 입 풀기 연습용으로 중얼거렸던 '한국관광공사 곽진광 관광과장'이라는 예시문을 따라 하도록 지도했다. 이분은 '관광'이라는 단어를 '간강'이라고 발음하셨었다. 살면서 한두 번 발음이 틀릴 수도 있고 서로 소통하는 데 오해가 생기지 않으면 괜찮다. 당연히 표준 발음을 구사하는 것이 더 좋지만, 늘 그럴 수는 없지 않나. (나 역시 가족들과 있을 때는 말이 자주 꼬인다.) 이분의 경우는 주로 어린 학생들을 대상으로 통일 관련 특강을 하는 선생님이었기 때문에 발음을 바로 잡는 것이 급선무였다. 아직 배우고 있는 학생들에게 부정확한 발음으로 잘못된 정보를 줄 수도 있었다. 북한 사투리가 어색하고 이상하다는 편견을 갖지 않도록 하는 것도 중요했다. 그런 피드백을 학생들에게 몇 번 듣고 나서는 교보재 자료에 '금강산 관광'이 나올 때마다 스스로 자꾸 멈칫하기도 하고, 제일 앞에 있는 학생에게 읽어 보라고 시킨 적도 있었다고 고백했다.

이런 심각한 고민이 있는 선생님의 '간강' 발음이 과연 두 시간 후에 '관광'으로 바뀌었을까? 결론부터 말하면, 바뀌기도 했고 바뀌지 않기도 했다. 다시 말해 잘못된 발음이 굳어진 이유를 스스로 인지했고, 인지한 후에 조금씩 신경 써서 말하면 정확한 이중모음 '과'에 가깝다가 평소 대화에 다시 빠져들면 여지없이 '과'를 '가'로 잘못 발음했다. 희망이 있었다! 그분 또한 그렇게 고치려고 해도 바뀌지 않던 발음이 바뀌자 놀라워했다. 발음을 잘하는 약이 따로 있는 것도 아니고, 내가 마술을 부린 것도 아니다. 그럼 어떻게 했을까. 답은 '이중모음' 그 명사 안에 그대로 들어 있다. 앞에서 모음을 발음할 때 입을 조금 더 벌려 소릿값을 키우면 쉽다고 언급했었다. 따라서 '이중'모음이기에 모음을 두 번 빠르게 연속해서 발음해야 쓰인 대로, 본 대로 읽고 말할 수 있는 것이다.

'관광'이란 단어의 발음은 말을 직업으로 가진 방송인들도 자주 실수하게 된다. 이중모음이 두 음절인 데다 'ㄴ'받침까지 있으니 이중모음과 받침마저 제대로 안 하면 [강강]이 되어 버리기 일쑤다. 관광의 소릿값을 풀어 보면, [ㄱ+ㅘ+ㄴ+ㄱ+ㅘ+ㅇ]이다. 더 정확하게 입 모양은 이중모음을 두 번 연속 발음해야 한다. [ㄱ+ㅗ+ㅏ+ㄴ+ㄱ+ㅗ+ㅏ+이] '과'를 발음하기 위해서는 'ㅗ'와 'ㅏ'를 빠르게 붙여 발음해야 하는 것이다. 주변에 아무도 없고, 휴대전화로 짧게 녹음해 볼 수 있는 환경이라면 다음 두 문장을 발음해서 녹음하고 들어 보자. 주의할 점은 지금 바로 여러 번 연습하지 않고 눈으로만 보고 평소 발음대로 읽거나 말하는 발음을 녹음해야 한다.

① "한국관광공사 곽진광 관광과장은 일을 관두려고 했지만 휴직 후에 다시 한국관광공사 과장으로 일하고 있습니다."
② "환경과 기후 변화는 비단 환경운동가들만의 문제가 아니라 지구에서 기후 변화를 겪으며 살아가는 우리 모두가 관심 가져야 할 우선 순위 중의 하나입니다."

녹음했다면, 들어 보자. 대부분은 자신의 목소리가 컨디션 탓에 좋지 못하다며 음색부터 먼저 듣는 경우가 많다. 지금만큼은 발음만 집중해서 들어 보자. 앞의 두 문장에 이중모음은 모두 17번 나온다. 이 중에서 특정 단어를 계속 반복해서 이중모음이 아닌 단모음으로 발음하고 있다면 잘못된 습관으로 굳어진 경우일 수 있다. 같은 단어를 반복해서 잘못 발음하지 않고, 한두 번 틀렸다면, 그저 지금의 실수일 수 있다. 책을 읽다가 갑자기 발음을 녹음하도록 시키는 경우는 흔하지 않았을 테니까 준비되지 않은 상태에서 긴장했을 수 있다. 그럼에도 불구하고 녹음한 독자라면 멀리서 기립 박수로 응원해 드리고 싶다. 우리말 역시 다른 외국어를 배울 때 하는 연습과 다르지 않다. 정확한 발음을 들어서 인지하고 그 소릿값이 내 입에서 흘러나올 수 있도록 반복해서 말하면 된다. 이때 빠르게 말하지 않고 천천히 소리 내며 자신의 발음을 들어야 한다. 그러다가 조금씩 속도를 올려서 평소 대화에서도 어색하지 않도록 입에서 거침없이 나오도록 몇 번만 연습하면 대부분 좋아 진다.

아나운서를 준비하던 시절에도, 교양 프로그램 다큐 내레이션 성우로 10년 일하는 동안에도 나의 입 풀기는 언제나 '한국관광 공사 곽진광 관광과장'이었다. 재빨리 할 수 있는 리허설이었고, 발음이 잘 되는 날은 기분까지 좋아져서 NG없이 원고를 소화하 기도 했다. 발음은 헬스 트레이닝과 같다. 연습한 만큼 입 근육이 자연스럽게 움직인다. 발음 하나 틀린다고 뭐 바뀌겠냐고 의심하 지 말고 평소 잘 안 되던 한두 단어만 꾸준히 연습을 해 보자. 지난 15년 동안 교육한 10만여 명 중 발음 고민은 반 수가 넘었다. 모 두 연습으로 좋아졌다. 발음은 누구나 좋아질 수 있다.

4
—
전달력이 좋아지는
말 속도 연습

어떤 콘텐츠를 즐겨 보는지에 따라 그 사람의 말하기와 듣기 방식에도 영향을 미친다. 긴 호흡의 다큐멘터리를 즐겨 보는 사람과 짧은 영상을 즐겨 보는 사람은 말 속도에도 차이가 있다. 주변에 어떤 사람들이 있는지에 따라서 자신의 말 속도에도 영향을 받는다. 가족들의 말 속도나 말투를 닮는 것은 유전적인 요소 외에도 후천적인 환경 요소가 더 크게 작용하기 때문이다.

과학기술정보통신부는 디지털 정보격차·웹 접근성·스마트폰 과의존의 2023년도 실태조사 결과[2]를 발표했다. '스마트폰 과의

---

2   이정현, '스마트폰 이용 어린이 4명 중 1명은 과의존 위험군', 〈연합뉴스〉, 2024. 3. 28

존 실태조사'는 스마트폰 이용량 조절 능력, 건강·일상생활 문제 발생 여부 등 스마트폰 이용 행태를 조사해 과의존 위험군 현황을 파악하는 국가승인 통계로 알려져 있다. 전국 1만 가구를 대상으로 일대일 면접 방식으로 이뤄졌다. 조사 결과 온라인 동영상 이용자 중 73.5퍼센트가 '숏폼(1분 분량의 영상)'을 이용하고 있으나, 숏폼 이용자 중 23퍼센트가 이용 시간 조절에 어려움을 겪고 있으며 특히 청소년(36.7퍼센트)이 해당 부분에서 가장 어려움을 겪는 것으로 나타났다. 1분 남짓한 길이로 영상의 효과를 극대화하려니 다양한 자막과 음악, 효과음 등이 빠르게 지나가거나 앞뒤 맥락 없이 이해하기 쉬운 장면으로만 채워진다.

숏폼에 익숙해진 사람들이 놓치는 점이 있다. 일상 대화에서는 자막이 없다. 상황에 맞춰 일부러 삽입한 효과음도 없다. 공들여 바라보고 귀 기울여 들어야만 맥락을 이해할 수 있는 비교적 긴 시간의 담화나 대화를 이해하고 분석하고 토론할 수 있는 능력들이 퇴화되지 않을까 우려스럽기도 하다. 물론 숏폼의 장점도 있다. 빠른 시간에 필요한 상황만 보여 주는 방식이기 때문에 군더더기가 적거나 없다. 1분, 적게는 15초 동안 그 채널에 머무르게 하려는 노력들 덕분에 첫 시작부터 임팩트가 강하다. 영상으로 표현해야 하거나 시각적인 자료를 들어 설명하는 능력은 숏폼 사용자들이 월등하게 좋을 수 있다. 하지만 일상생활 전반이 숏폼화

되기는 어렵기 때문에 일상생활 대면 방식에 그대로 적용하기는 어렵다.

말 속도를 조절하며 말하는 연습법

―

2009년부터 현재까지 해마다 대학교에 출강하고 있다. 정식 교과목을 가르치기도 했었고 프레젠테이션이나 스피치 과목을 비교과로 수업하기도 했다. 10여 년 동안 각 대학에서 만났던 20대 대학생 말 속도의 변화가 체감으로 느껴질 만큼 달라졌다. 코로나 팬데믹 기간이 지난 직후 앞에 나와 발표를 하는 학생들의 말 속도가 평균적으로 많이 빨라졌음을 느꼈다. 그중 말이 매우 빠른 부류의 학생들에게 질문했다. 비대면 온라인 강의를 들을 때 혹시 속도를 빨리해서 1.7배속으로 들었는지 질문했다. 그때마다 학생들은 '사실은 빨리 감기로 들었다'라고 고백했다. 말이 빨라 알아듣기 어려운 학생 발표자들의 숏폼 노출 시간도 상대적으로 길었다. 보고 듣는 대로 말하게 되는 언어의 특성상 숏폼 노출도 어느 정도 영향이 있겠다는 의심을 하지 않을 수 없다. 숏폼을 보지 말자는 이야기가 아니다. 내 말 속도에 영향을 미치는 요소가 될 수 있으니 어느 정도 인지한 후에 말 속도를 조절해서 말할 수 있는 연습을 별도로 하자는 제안이다.

그럼 과연 어느 정도의 속도가 표준 속도일까. 2010년대 나온 스피치 논문들을 살펴보면 1분에 360음절에서 400음절 사이를 표준 속도로 권장하고 있다. 정확하게 내 말이 빠른지 느린지 알고 싶다면 뉴스 프로그램의 앵커가 말하는 첫 뉴스 꼭지를 따라 해 보자. 말투를 따라 하는 성대모사가 아닌 말 속도에만 집중해서 따라 해 보자. 어느 방송사이든 모든 뉴스의 시작하는 말의 속도는 대체로 비슷하다. 1분에 360음절을 기준으로 표준 속도로 발화하고 있다.

내 말의 속도를 바로 잡기 위한 메트로놈이라고 생각하고 앵커의 말 속도를 들은 후 바로 그 속도대로 따라 하거나 말해 보자. 이 속도가 생각보다 느리다고 느껴지면 평소 당신의 말이 빠른 편에 가깝다. 따라 한 말의 속도가 빠르다고 느껴진다면 당신의 말 속도가 조금 느린 편에 속한다고 판단할 수 있다. 말 속도를 바로 잡는 것은 듣는 사람을 배려하는 동시에 말하는 자신도 고려하기 위해서다. 말 속도가 빠르면 애써 말한 내용이 잘 전달되지 않아 다시 말해야 하는 상황이 생기거나 못 알아들은 상대가 다시 질문을 하게 된다. 질문을 받을 상황도 아니고 다시 말할 수도 없는 자리라면 빨리 뱉어 버린 그 말은 그저 허공에 떠도는 '음'에 불과해진다. 말의 경제성을 따져 보더라도 누구나 이해하기 쉽게 들을 수 있는 말 속도를 갖춰 조절하며 말하는 것은 매우 중요하다.

입 모양을 각 글자의 소릿값에 가깝게 내도록 연습하고, 띄어쓰기 단위대로 말하는 것이 아닌 의미를 갖는 어절대로 띄어서 말하는 습관을 갖도록 훈련하면 표준말 속도를 지켜서 말할 수 있다. 무엇보다 조금 더 천천히 말하려는 사람과 아무 생각 없이 말하는 사람은 속도 전달력이 다르다. 말하는 사람은 말하려는 의도와 내용을 이미 계획하고 있지만, 들을 사람, 듣고 있는 사람은 어떤 내용을 말하는지 이해하고 해석하면서 들어야 한다. 언제나 듣는 사람이 말하는 사람보다 조금 더 느릴 수밖에 없다. 듣는 사람을 배려하며 상황에 맞춰 표준 속도로 말하면 말 내용의 전달력이 좋아지니 두 번 말하지 않아도 된다.

5

내용이 와닿도록 하는
강조 연습

99

말을 하긴 했는데 의도와 상관없이 웅얼거리게 들렸거나 귀찮아 하는 모습으로 보이거나 자신 없게 말하는 것처럼 느껴지게 했다 면 말에 '강조점'이 없어서 그렇다. 말하면서도 어디까지 말했는 지 기억나지 않는다면 지금 하고 있는 말 내용에서 어느 부분을 강조하고 싶은지 살펴봐야 한다. 강조 없이 밋밋한 것은 평양냉면 한 그릇으로 충분하다. 말이 평양냉면처럼 밋밋하면 마니아는 생 길 수 있어도 모두에게 두루 통하기는 어렵다.

그럼 말하기에서 강조란 무엇일까. 억양이나 강세, 특정 리듬으 로 잘못 이해하는 사람들이 있어 지면을 빌어 꼭 바로 잡고 싶다. 어색한 억양, 반복되는 리듬이라면 말의 내용이 남지 않고 억양과

리듬만 남는다. 조사를 강조하면 앞의 말이 상대적으로 들리지 않아 말의 리듬만 남는다. 말끝을 강조해서 말하면 로봇이나 AI 기계 음성이 말하는 것처럼 어색하게 들린다. (요즘 AI 보이스는 이 부분까지 고려해 꽤 자연스러워지고 있다.) 모든 음절을 다 강하게 발음해서 말하면 공격적으로 또는 다급하게 들린다. 예를 들어 화재 현장에서 위험 신호를 알릴 때, "불이야!"라고 외치는 사람은 세 글자 음절을 모두 힘주어 크게 말한다. 일상생활에서 모든 음절을 강하게 말하면 날카롭고, 공격적으로 화가 난 사람이 하는 말처럼 들릴 것이다. 반대로 강조점이 없으면 중얼중얼 읊조리듯 들리고 말에 힘이 없어서 듣는 사람에게 내용이 잘 닿지 않는다.

강조해서 말하는 연습을 위한 시각화 방법

—

스피치 코칭을 할 때 강조를 아무리 설명하고 시연해서 보여 주어도 금방 알아채지 못하는 분들에게 시각화 방법을 권한다. 읽을 문장을 인쇄해서 나눠 주고 눈에 보이는 크기대로 소리 크기나 강세를 달리하도록 코칭했다. 인쇄물 속 문장의 폰트 크기를 달리해서 강조를 연습하는 방법이다.

"2만 시간 동안 10만 명을 가르치고 말을 다듬었습니다"라는 문장에서 내가 강조하고 싶은 부분이 숫자라면, "**2만** 시간 동안

10만 명을 가르치고 **말**을 다듬었습니다."

　이때 글씨 크기가 더 큰 '2만', '10만', '말'을 발음할 때, 목소리를 더 크게 하려고 하면 이상하고 어색해진다. 그 음절을 발음할 때 입 밖으로 나오는 날숨의 세기를 더 세게 발음한다는 느낌으로 말하면 자연스러운 강조를 덧입힐 수 있다. 다음 문장에서 강조점을 달리해서 각각 말해 보자. 굵고 큰 글씨의 모음을 조금 더 입을 벌려 발음하면 강조하지 않는 다음 음절로 이어서 발음할 때 자연스럽게 말하면서도 강조는 강조대로 살려 말할 수 있다.

　① "안녕하세요. 오늘 처음 뵙습니다. 만나서 반갑습니다."
　② "**안**녕하세요. 오늘 **처**음 뵙습니다. 만나서 반갑습니다."
　③ "**안**녕하세요. 오늘 **처**음 뵙습니다. 만나서 **반**갑습니다."

①번 문장은 강조를 신경 쓰지 않고 그냥 말할 때다. 길지 않은 문장이어서 말뜻은 모두 이해되지만 인사하는 말에서 강조점이 없으면 그리 반가워하는 것처럼 느껴지지 않는다.

　②번 문장은 '안녕하세요'의 '안'과 '처음'의 '처'를 강조하면서 말하는 문장이다. 이때는 초면에 만나는 것에 의미를 둔 문장으로 강조해서 들린다. ③번 문장은 ②번 문장의 의미에 '반갑습니다'의 '반'을 강조해서 만나서 반가운 의미를 더하는 방법이다. 이렇

게 인사하는 말에는 어려운 단어가 없기 때문에 인사하는 자체로도 대화 맥락을 이해할 수 있지만, 생경한 단어를 말해야 하는 자리나 어려운 어휘를 차분하게 설명해야 할 때는 강조점이 더 중요해진다.

고객에게 매뉴얼을 설명하거나 계약 조항들을 정확하게 알려야 하는 일이라면 날짜나 시점, 금액 등의 첫음절을 강조해서 말해야 듣는 이에게 더 잘 들리는 말이 된다. 강조를 잘 표현한 발음은 입 밖으로 소리 낼 때 모음을 모음 소릿값대로 맞춰서 발음하는 것이다. 단모음 'ㅏ, ㅑ, ㅓ, ㅕ, ㅗ, ㅛ, ㅜ, ㅠ, ㅡ, ㅣ' 중에서 'ㅡ, ㅣ'를 제외한 나머지 모음은 아래턱을 음가에 맞춰 충분히 내려 입 모양의 공간을 넓히거나 모아서 발음하면 잘 들리는 발음으로 소리 낼 수 있다.

미국의 언어학자 찰스 프리스Charles C. Fries는 강조와 억양의 중요성을 이렇게 말했다.

"말의 내용보다 어떻게 말하는지가 더 중요하다."

같은 단어라도 어떻게 강조하는지에 따라 의미가 달라지고 말하고 있는 문장에서 중요한 우선순위가 다르게 해석될 수 있다. 말할 내용이 담백하고 깔끔한 평양냉면을 닮았다면, 강조는 매운 감칠맛이 나는 함흥냉면처럼 해 보자.

6

말하기 역량을 높이는
녹음과 녹화

"

출근이든 등교든 아침 준비 시간은 늘 촉박하다. 여유가 없더라도 누구나 외출 전 거울을 한 번쯤 보며 매무새를 살핀다. 단추를 잘 못 채우지는 않았는지, 가방은 잘 챙겼는지 짧은 시간에 각자의 기준대로 살핀다. 꼼꼼한 사람은 입을 옷이나 짐을 전날 챙겨 두 기도 하고 가지고 나가야 할 가방을 현관 앞에 두기도 한다. 다음 날을 준비한 사람은 아침에 허둥대지 않는다. 시간이 짧더라도 효 율적으로 준비할 수 있다.

　말하기 소수 코칭을 할 때도 거울 보기와 같은 습관을 들이도록 안내했다. 자신의 말을 녹음하고 녹화해서 톺아볼 수 있도록 한 다. 다만 여기에도 작은 규칙이 있다. 중요한 날 남들 앞에서 대표로 말해야 하는 면접에서 첫 자기소개, 프레젠테이션, 연설, 축사, 담화문과 같이 준비한 말을 일정 시간 쏟아내야 하는 사람들에게는 녹화보다 녹음을 먼저 권한다. 특히 평소 말수가 적을수록 또 반대로 말을 많이 하는 직군일수록 녹음으로 자신의 말을 다시 들어보도록 지도한다. 말수가 적은 사람이 녹화해서 영상 파일로 자신의 말하기 모습을 마주하면 부담감이 훨씬 커지기 때문이다. 말수가 많은 사람은 평소 자신이 어느 정도 잘한다고 생각하기 일쑤다. 몇 가지 습관 때문에 실력 발휘를 못 할 수 있어서 말 소리만 집중해서 들어 보도록 한다.

녹음 후 들으면서 체크해야 할 증상

청각 언어는 목소리, 말의 속도, 강조, 말투 등을 포함한다. 읽어야 할 원고나 내용이 다 준비된 후에 하면 물론 더 좋지만 100퍼센트 준비되지 않았더라도 녹음을 먼저 하면서 연습하면 남은 시간을 더 효율적으로 사용할 수 있다. 생각으로 할 수 있다고 여기는 것과 직접 해 보는 것은 다른 문제다. 생각대로 잘되지 않는다. 조용한 방에서 실제 말을 해 보고 스마트폰으로 녹음해 보자. 첫인사를 포함해 어떤 내용을 말할지 대략적인 내용만 먼저 문장으로 말해서 다시 들어 보면 몇 가지 '증상'이 나온다. 다음 중 몇 가지나

해당하는지 살펴서 체크해 보자.

① 성량 : 목소리가 전체적으로 안정된 크기인가?

② 속도 : 잘 들리도록 말의 속도를 조절하며 말하는가?

③ 호흡 : 적절하게 쉼을 주며 안정적으로 호흡하며 말하는가?

④ 발음 : 주요 키워드가 분명하고 또렷하게 잘 들리는가?

⑤ 강조 : 핵심이 되는 문장이나 낱말이 강조되도록 말하는가?

⑥ 말투 : 말할 내용에 맞게 적절한 말투를 사용하고 있는가?

여섯 가지 요소를 확인하고, 방금 한 첫 녹음이 평소 실력보다 못했는지, 비슷했는지, 더 나았는지 스스로 살펴보는 것이 중요하다. 아무리 뛰어난 사람이라도 항상 최상의 컨디션으로 동일하게 모든 상황에서 잘 말하기는 쉽지 않다. 말하기 전문 직군으로 대표되는 아나운서와 성우를 예로 들면, 보고 듣기에는 정갈하게 말하는 것이 쉬워 보일 수 있지만 한두 번 따라서 해 보면 쉽지 않다는 것을 금방 알 수 있다.

뉴스를 전하는 아나운서나 한 캐릭터를 연기하는 성우들이 자신의 개성을 드러내지 않는다. 어느 방송사라도 뉴스를 전하는 앵커는 바뀔지라도 늘 비슷한 톤과 속도로 전한다. 성우도 연기 역할에 알맞게 비슷한 톤과 전달 속도, 성량을 유지하며 말한다. 말하고 있는 텍스트의 의미와 맥락만 전달되도록 훈련을 통해 조율하는 것이다.

다시 녹음 설명으로 돌아와서 첫 번째 녹음 파일에서 여섯 가지 요소 중 가장 개선하고 싶은 한 가지만 우선순위로 정해 보자. 말을 연습한다고 해서 단번에 모든 것이 마법처럼 좋아지기 어렵다. 하지만 단 한 가지 가장 거슬리거나 부족한 점만 소거하고 나면 나머지 요소들은 신기하게도 듣기 더 좋게, 말하기 더 편하게 바뀔 수 있는 여지가 따라 생긴다. 말의 속도가 빠른 것은 호흡과 발음과 긴밀하게 연결되어 있다. 목소리의 크기 역시 호흡과 직결되어 있고, 말투도 호흡과 발음과 관련되어 있다. 말하기에서 전달력이 좋아지기 위해 살펴야 할 요소는 어느 하나 따로 움직이는 것 없이 연결되어 있다. 이 때문에 한 가지만 더 좋아지도록 고치겠다고 정하고 연습하면 다른 요소들도 조금씩 나아질 수 있는 것이다.

10분 발표를 앞두고 있을 때, 첫 녹음은 10분 분량 전체를 녹음하는 것이 좋지만, 이후 두 번째 녹음부터는 문단별로 나누어 녹음해서 들어 보고 더 좋아지면 다시 녹음하는 방법을 추천한다. 아직 나아지지 않았는데 원고를 보고 무작정 10분 시간을 채워 읽기만 하는 것은 목만 아플 뿐이다. 내가 부족한 점과 잘하는 점을 구분하려면 들을 줄 아는 귀를 여는 이 방법을 사용하면 된다.

이 방법으로 그동안 면접을 준비하는 많은 학생들이 좋아졌다. 짧은 시간 중요한 담화문을 발표해야 하는 정부 대변인직을 수행하는 이들 역시 도움이 되었다는 피드백을 주었다. 음성만 녹음하더라도 실전과 동일한 자세로 녹음하면 더 빨리 좋아질 수 있다. 서서 말해야 하는 상황을 앞두고 있다면 서서 녹음하고, 면접이나 회의 모두 발언처럼 앉아서 말해야 하는 상황이라면 바른 자세로 앉아서 녹음하는 것이 더 좋다.

SBS에서 교양 프로그램을 15년 동안 맡아 내레이션했다. 신나는 축제 영상을 녹음할 때는 녹음실에서도 서서 녹음했고, 긴 호흡을 가져가야 하는 따뜻한 휴먼 다큐는 앉아서 녹음했다. 서서 말할 때와 앉아서 말할 때 성대의 긴장도나 자세에 따라 호흡 사용이나 근육 움직임이 달라지기 때문이다.

누가 보지 않더라도 모든 말은 준비한 만큼 잘할 수 있다. '그날'을 위해 가장 비슷한 자세로 녹음해 보자. 중요한 그날의 당신이 녹음하고 다시 들어 보고 연습한 오늘의 당신에게 고마워할 것이다.

녹화하고 다시 보기
—

녹음하고 다시 들어 보면서 어느 정도 듣는 귀가 열렸다면 이번에는 보는 눈을 선명하게 해 주는 녹화를 해 보자. 청각 언어 외에도 제스처, 동선 움직임, 자세, 시선 방향과 각도 등을 포함한 시각 언어를 보완할 수 있는 연습 방법이다. 시각 언어요소까지 개선하면 정말 원래부터 말을 잘했던 사람인 것처럼 지금보다 말하기를 훨씬 더 잘할 수 있다.

문화체육관광부에서는 해마다 중앙 정부 공무원을 대상으로 도 교육 프로그램을 운영한다. 기업마다 신규 직원과 임원 교육을 상시 진행하듯 정부 역시 해마다 직급별 교육을 시행한다. 그 중 2023년과 2024년에는 미디어 트레이닝 강사진으로 참여했다. 특히 2023년에는 40회의 교육이 진행되는 동안 20개 부처, 24명을 맡아 진행했으니 적지 않은 횟수였다. 다른 교육에 비해 녹화 실습을 네 시간 내내 진행하는 강행군 교육이었다. 교육을 마치고 나면 단 한 분도 빠짐없이 업무에 큰 도움이 되었다는 피드백을 전해 주셨다. 연령이 30대인 대변인도, 5,60대인 장관, 차관도 있었지만 나이나 직급과 상관없이 모두가 녹화해서 다시 보고 연습하는 시간을 지루해하지 않고 즐기며 임해 주셨다.

뉴스나 부처 브리핑 화면에 드러나는 업무가 아니더라도 계약, 협상, 발표, 면접, 연설, 프레젠테이션 등 각자 직면한 상황에서 말하기는 매우 중요하다. 연습하는 모습을 녹화하고 그 화면을 자세하게 다시 보는 것만으로도 좋아진다. '시선이 너무 불안정했네',

'원고를 보고 읽느라 청중을 전혀 보지 않았었네', '할 말이 생각나지 않아서 입을 앙다문 것인데 화면에는 삐죽삐죽거리는 모습으로 보이네', '제스처가 너무 많았네', '마이크를 든 손이 어색해서 자꾸 만지작만지작하는 모습이 보기 좋지는 않았네' 등등 여러 가지 모습이 영상 속에 고스란히 들어 있다. 강의하거나 코칭할 때 녹화한 화면을 같이 본 후에 나는 어떠한 조언이나 지적도 하지 않는다. 나를 멘토로 만난 그분들이 그 순간 최고의 컨디션으로 잘 해냈을 확률은 크지 않기 때문이다. 조언이나 지적보다 질문을 먼저 한다.

"방금 보신 화면 속에서 ○○○ 님은 어떤 점을 가장 잘 했다고 생각하시고, 어떤 점 하나는 빨리 고쳐야겠다 싶으신가요? 잘한 점 한 가지와 개선하고 싶은 점 한 가지를 말씀해 주세요"라고 묻는다. 분명 한 가지씩만 말해 달라는 요청했을 뿐인데 놀랍게도 내가 조언해야 할 부분을 50퍼센트에서 80퍼센트 이상 알고 말해 준다. 본인의 모습은 본인이 제일 잘 알기 때문이다. 녹화해서 자기 모습을 객관적으로 마주하는 것만으로도 개선하고 싶은 동기부여가 가장 확실하게 된다.

녹화 파일을 본 후에 별도의 연습 시간을 두지 않고 바로 다시 똑같이 녹화해 보길 권한다. '처음 인사할 때 시선을 앞을 보면서 정중하게 인사해야지', '제스처가 불필요하게 많았으니 이번에는 필요할 때만 사용해야지' 등 목표만 정하고 바로 다시 녹화한다. 거의 모든 사람이 두 번째 녹화에서 바로 좋아졌다.

　말할 내용을 수정해야 하는 것처럼 시간이 필요한 개선 요소도 있지만 시각 언어는 대부분 녹화한 화면을 보고 하지 말아야겠다고 다짐하는 순간부터 좋아진다. 내용을 조금 더 정확하게 강조하기 위한 지칭 제스처는 해도 되고 하지 않아도 된다. 시각 언어를 다시 살피려고 녹화하고 연습을 해 보면 무언가를 더 잘하려고 하기보다 하지 않으면 좋을 군더더기를 덜어 낼 수 있다. 몇 번 반복해서 녹화하고 연습하면 짧은 기간 안에 말하기 역량이 몇 단계 더 좋아질 것이다.

7

우리말도
처음 외국어를 배우듯 써 보자

"

"제 강연은 여기까지입니다. 그냥 듣기만 하시면 재미가 없잖아요? 이 자리가 더 풍성해지려면 여러분 역할이 중요합니다. 자, 질문을 해 주세요."

그 말을 듣자마자 사회자인 나는 무대 위로 뛰어 올라갔다. '아직 한 시간이나 더 남았는데 지금부터 질의응답을 한다고? 갑자기?' 예상에 없던 진행 방식이라 그때 화장실에라도 갔거나 잠시 자리를 비웠다면 어떻게 되었을까 아찔하다. 활발한 활동을 하는 미국인 타일러 라쉬 님의 강연 사회를 맡았을 때의 일이다. 3년 동안 인문학 콘서트를 100회 연속 진행하던 중이었는데 가장 기억에 남는 강연자이기도 했다.

2시간 행사에서 30분 공연이 끝나면, 남은 1시간 20분은 강연 후 10분 정도 질의응답 시간을 갖는 것이 고정된 순서였다. 사전 협의 없이 강연을 일찍 마치면 사회자로서는 진땀이 날 수밖에 없다. 게다가 강연보다 질의응답을 더 길게 하겠다고 해서 스무 걸음 정도 걸어 무대 위로 올라가면서 오만 가지 생각이 다 났었다. '타일러 씨, 저한테 왜 그러세요. 우리나라 사람들은 공개 장소에서 질문을 잘 안 한다고요!' 예상했던 대로 객석에서는 질문이 바로 나오지 않았다. 손에는 진땀이 났지만 아무렇지 않은 척 진행을 이어갔다.

"청중들께서 강연을 듣고 어떤 질문을 할까 고심하고 계신 것 같아요. 이럴 때 사회자는 기회가 생기지요. 질문이 많으면 좋지만, 정작 저는 질문할 기회를 못 가질 때가 많거든요. 오늘은 제가 질문을 먼저 시작할 수 있는 영광을 주셔서 (청중을 바라보며) 감사합니다. 제 질문이 끝나면 다음 분이 누구실까요? (웃음)"

그렇게 청중에게 눈짓으로 제발 질문을 해 달라는 간절한 눈빛으로 부탁하고 첫 질문을 했다.

"타일러 씨는 이미 많이 들어 보신 말일 수도 있겠지만, 저는 뵙게 되면 꼭 여쭤보고 싶었어요. 한국어를 잘하시는 정도가 아니라 때로는 아나운서를 했던 저보다도 더 잘 쓰시는 것 같아요. 다른 언어도 잘하신다고 들었어요. 타일러 씨처럼 언어를 잘하는 비결이 궁금합니다.”

질문을 받은 그는 차분하면서도 진지하게 대답을 이어갔다.

“한국인들이 영어 공부 정말 오랫동안 열심히 하지만 실력이 늘지 않잖아요? 저는 왜 그런지 잘 알 것 같아요. 대부분 숙지까지만 하거든요.”

‘숙지’라는 단어를 활용한 것도 놀라웠는데 그다음 말은 나와 청중들의 입이 떡 벌어지게 했다. 그가 계속 답변을 이어갔다.

“숙달하려고 노력해야 하는데 대부분 숙지로 끝내서 그래요. 숙지와 숙달은 엄청난 차이가 있는 단어거든요. ‘숙지’는 아는 것에서 그치는 것이고, ‘숙달’은 활용할 수 있다는 의미가 담긴 단어입니다. 언어는 안다고 실력이 늘지 않아요. 자꾸 써 봐야 해요. 보고 듣고 읽기만 하지 말고, 말해야 하는데 말을 써보지 않으니 보고 듣고 읽는 실력은 느는데 정작 입을 못 떼는 거죠.”

객석에서 박수가 터져 나왔다. 짧은 답변을 하면서도 정확한 단어를 정확한 의미로 설명하고 있었고 한국어를 잘하는 미국인 입장에서 바라본 영어를 공부하는 한국인의 잘못된 공부 방식을 콕 집어 말했다. 이날 타일러 님은 이어지는 질문에도 여유롭게 답하며 분위기를 이끌어 갔다. 준비한 내용을 강연으로 말하기에 벅찬 사람이 있을 수 있는데 대본도 없고 예상도 다소 어려운 객석의 질문에 웃음을 주었다가 감동을 주었다가 지식에 지혜까지 더해서 답변했다. 그동안 10분 남짓한 시간에 겨우 한두 명의 질문만 받아 시간에 쫓기며 진행하던 질의응답 시간이 아니어서 사회자인 나도 함께 신이 났다. 언제 긴장하며 올라왔는지 잊을 정도로 '토크쇼'로 진행한 그 한 시간은 청중의 만족도도 높았고, 몇 해가 지난 지금도 기억에 오래 남아 방송에 나올 때마다 참 반갑다. 강연만 하면 재미없을 것 같다던 그는 질의응답 시간을 충분하게 활용하면서 의미 있는 시간을 만들었다.

그때만 그랬다면 그렇게 오래 감동이 이어지지 않았을 텐데 30년 언론인 유정임 작가님이 쓴 《말과 태도 사이》에서도 타일러님의 에피소드가 등장한다. 영어에 없는 높임말을 써서 정중하게 한국어로 받은 메일에 놀랐다고 했다. 물론, 그는 세 살에 이미 IQ가 165였다고 알려져 있고 1년이 채 안 되는 기간 해외에 갔다가 프랑스어와 스페인어를 익힌 수재라고 한다. 언어 감각을 타고난 그도 한국어에 숙달하기 위해 노력했다고 하니 언어를 잘 다룰 줄 아는 것이 당연해 보인다. 외국인도 이렇게 숙지와 숙달의 차이를 들어 연습하는데 모국어가 한국어인 우리는 어떤 노력을 기울여야 할까.

숙지에서 숙달로 발전하는 단계

취업을 준비하는 청년이든, 환자를 대하는 의사든, 고객 접점에 있는 영업 사원이든, 대중 앞에서 연설해야 하는 정치인이든 말하기 코칭을 할 때 반드시 제안하는 방법이 있다. 개선하고 싶은 목표를 정해 일주일 동안 집중적으로 연습하고 활용하는 방법이다. 녹음하거나 녹화해서 함께 다시 보며 말하기 개선 목표를 정한다. 자신의 말하기 문제점이나 개선해야 할 필요성을 인지하게 하고 다시 만날 일주일 동안 딱 한 가지만 집중적으로 훈련하도록 한다. 한 여성 기업인은 'ㄴ' 받침이 불분명해서 평소에 자주 쓰는 문장을 내가 시범으로 천천히 정확하게 말한 녹음 파일을 보내 따라 하게 했고, 이후 공유가 가능한 선에서 회의나 전화 대화를 녹음한 파일을 다시 보내 점검했다. 일주일 동안 완전히 나아지지는 않았지만, 순간마다 개선하려는 의지가 보였고, 신경 쓰고 말할 때는 완벽하게 좋은 발음으로 말하는 모습을 확인할 수 있었다. 이 경우 조음 기관의 문제가 아닌 잘못된 발음 습관이 굳어진 경우여서 일주일 만에 습관 교정만으로도 놀라운 변화를 보였다. 타일러 님의 말대로 숙지에서 숙달로 발전하는 단계였다.

외국어를 처음 배울 때를 생각해 보자. 긴 문장을 자유롭게 구사하고 싶거나 발음을 정확하게 내고 싶을 때에도 모두 자기 말을 잘 들어 보고 선생님의 샘플 문장을 반복해서 따라 한다. 조금 더 열정적이면 배우고 있는 나라의 언어 콘텐츠에 자주 노출되도록 뉴스나 영화를 해당 언어로 찾아본다. 어느 정도 듣고 말하게 되면 회화를 직접 해 보면서 습득한다. 글로만 보는 것으로는 말이 늘지 않는다.

외국어에 들이는 정성만큼 우리 말에는 왜 관심을 덜 가지는 것일까. 매일 쓰는 말이고 상대가 적당히 알아듣고, 누군가 지적하는 일이 드물기 때문이다. 중요한 순간을 앞두고 나서야 말이 잘 안 된다고 후회하는 경우를 여럿 보았다. 물론 그때 되어서라도 연습하면 분명히 좋아진다. 그러나 굳이 연습에 시간을 내지 않더라도 매일 조금씩 자기 말을 돌아보고 고치려는 노력이 더해지면 더 빨리 개선된다. 20년을 사용했든 60년을 사용했든 사용한 만큼 내 말에도 습관이 생긴다. 문장을 끝까지 말하지 않고 얼버무리는 습관이 없는지, 같은 단어를 반복만 하지 않는지, 특정 발음이 부정확해서 두 번씩 말해야 하지는 않는지, 말하기 속도가 너무 빠르거나 너무 느려서 상대가 답답해하지는 않는지 잠시 생각해 보자. 지금까지 아무런 지적도 받지 않았다면 주변 사람들이 잘 들어 줘서 통했을 가능성이 높다. 완벽한 말하기는 없다. 완벽한 말하기보다 완벽해지려 노력하는 말하기가 더 아름답다. 한국인이니까 한국어는 누구보다 잘 사용해야 하지 않겠는가. 적어도 대한외국인(?)보다는.

8

꾸준함이 만드는
말의 변화

99

마라톤 대회에 나간다고 생각해 보자, 대회에 나가는 것이 선택이 아닌 필수인 상황이라면 무엇부터 해야 할지 막연하다. 운동이라고는 해 본 적도 즐긴 적도 없는데 어디서부터 해야 하나 싶을 때 달리기 모임에 가입해 함께 뛸 수도 있고, 집 근처 학교 운동장을 연습 삼아 뛰어 보기도 할 것이다. 조금 먼저 대회에 나가 본 사람이 대회 날 같이 뛰어 주는 페이스 메이커가 되어 준다면 더 든든하겠다. 준비 운동은 어떻게 해야 하고 달릴 때 어떤 점을 조심해야 하고, 언제 체력을 끌어올려 전속력으로 달려야 하는지, 달리기 골인 지점까지 자세를 어떻게 유지해야 하는지 알게 된 초보 달리기 선수라면 무엇보다 중요한 것은 직접 뛰어 보는 경험을 다치지 않는 선에서 체력이 닿는 한 자주 해 봐야 한다. 이것이 실력이 느는 가장 빠른 방법일 것이다.

내 말도 바뀔 수 있을까, 내 말도 달라질 수 있을까, 나도 좀 잘하고 싶다고 생각한 독자가 이 책을 펼쳤으리라 예상한다. 책을 덮고 이제 말할 때가 되었다. 이 책을 덮고도 직접 말해 보지 않는다면, 가장 고치고 싶었던 말 습관 하나라도 고치려고 시도하지 않는다면, 또다시 어느 중요한 순간을 앞두고 막막해할지 모른다.

말하기 연습은 운동화를 새로 살 필요도 없고, 트랙이 있는 운동장에 나가지 않아도 된다. 지금 바로 해 볼 수 있다. 누가 들어 주지 않아도 녹음해서 들어 보고 녹화해서 다시 보며 나의 말을 되짚어 볼 수 있다. 두어 번 연습 만에 일취월장할 수도 있고, 매일매일 꼬박꼬박 조금씩 연습해야 늘 수도 있다. 사람마다 다르고, 의지의 강도마다 다르고, 말해야 하는 내용과 상황마다 다르다. 같은 사람이라도 대화나 상담, 계약은 비교적 수월해도 여러 사람 앞에서 하는 연설이나 발표는 어려울 수 있고, 그 반대일 수도 있다. 다만 달라지고자 하는 의지만 있다면 반드시 달라진다.

강연 때마다 하는 말이 있다. 말하기를 바꾸는 건 다이어트보다 어렵기도 하고, 다이어트보다 쉽기도 하다고. 때마다, 사람마다 다르다는 것을 전제로 하려는 의지만 있다면 어느 정도 개선은 할 수 있다는 의미다. 아쉽게도 말하기와 관련된 책은 계속 쌓아 두고 읽으면서도 책을 덮고 나면 방법만 아는 데 그치는 경우가 많다. 여전히 말하기가 중요하다 보니 어느 회사, 어떤 직급이라도 스피치와 커뮤니케이션 교육이 빠지지 않는다. 해마다 하는 교육인데도 다시 때마다 하는 이유는 교육을 누가 하느냐도 물론 중요하지만, 받아들이고 연습하는 실천으로 이어지는 확률이 낮기 때문이 아닐는지.

말은 연습하면 반드시 바뀐다

말하기 코칭을 했던 분 중 누가 가장 기억에 남느냐고 하면 두 어르신이 떠오른다. 한 분은 중요한 투자 유치 프레젠테이션을 2주 남겨 둔 상황에서 모친상을 당하셨다. 약속한 날짜에 스피치 코칭을 하기 위해 다시 만난 교육장에서 서로 마스크를 쓴 상태에서도 눈에 띄게 수척해지신 모습에 질문을 드렸다가 알게 되었다. 그럼에도 회사를 살리기 위해 더 지체할 수 없어서 장례를 잘 치르고, 다시 이 자리에 나왔노라고 말씀하셨다. 처음 뵈었던 날, 교육 대상으로 참여한 중견 기업 대표 20명 중에서 말의 속도가 가장 빨랐다. 1.7배속, 2배속으로 말씀하셔서 자료를 보고 읽으시는 말조차도 알아듣기 힘들었던 분이었다. 회사를 성장시키겠다는 열정이 너무 빠른 말 속도에 묻혀 안타까운 사례였다. 그랬던 분이 큰 슬픔을 겪으시고 우렁찼던 목소리가 많이 작아지고 말 속도도 다소 느려져서 오셨다. 생전에 어머님께서 귀가 어두우셨다고 했다. 아무리 연습해도 짧은 기간 안에 달라지기 힘들었던 그분의 모터를 단 말 속도는 이 한마디로 변화의 동기가 되었다. 귀가 조금 어두우신 어머께서 하늘에서 들으실 수 있도록 천천히 말씀해 달라고 부탁드렸다. 잠시 울컥하시다가 이내 평정을 찾으시고, 정말 조금 더 느려진 속도로 말씀하시니 준비한 내용이 훨씬 더 귀에 잘 들어왔다.

한 시간 남짓 코칭이 끝나고 투자 유치 프레젠테이션 대회에서 다시 뵈었다. 그동안 코칭 전문 강사로 뵈었지만, 당일은 사회자로 다시 뵈었다. 그분의 발표 순서 운은 그리 좋지 않았다. 비슷한 경쟁 상대의 다른 기업 발표자가 바로 뒤이어 있었기에 인상 깊은 발표를 전개하지 않으면 잊히기 쉬웠다. 마이크를 잡고 인사를 시작하셨을 때 나는 사회자석에서 안도의 한숨을 내쉬었다. 마지막 연습 때보다 훨씬 더 잘 해내셨다. 발표 속도도 안정적이었고, 다소 날카로운 질문에도 노련하게 답변하시는 모습을 보여 주셨다.

단 2주 만에 어떻게 이렇게 달라지실 수 있었을까 궁금해서 대회가 끝난 후 식사 자리에서 여쭈었다. 남은 2주 기간 동안 회사를 운영하시면서도 매일 짬을 내 따로 발표 연습을 하셨다고 했다. 어머님이 지켜보신다는 마음으로 마지막 기회일 수 있으니 정말 최선을 다해 연습하셨다고 했다. 순간 눈물이 왈칵 났다. 살아오신 인생 중에 어쩌면 가장 힘든 시간이었을 텐데, 상황이 어려워도 꾸준히 연습하기로 한 약속을 지켜 내신 것이다.

중견 기업들의 프레젠테이션이 모두 끝났다. 다음 해 연초에 그때 투자 상황들은 어떻게 되었는지 관계자 미팅에서 따로 들을 수 있었다. 발표 당일에는 1등은 아니었지만 현재 시간이 흘러 다시 여쭤보니 가장 좋은 조건으로 투자 계약 서류가 오가고 있다는 기쁜 소식이 들렸다. 그야말로 말이 회사를 바꾸고 삶을 바꾼 경우다. 그 기회를 놓치지 않은 C 대표께 마음으로 기립 박수를 보내 드렸다.

연습하면 반드시 말이 바뀐다는 것을 보여 주신 분이 또 한 분 있다. 앞서 소개한 분보다 연세가 더 지긋하신 분인데 이분은 퇴직 후 새롭게 창업하기 위해 지자체에서 운영하는 창업 아카데미 교육에서 교육생으로 만난 분이다. 전체 집합 교육으로 프레젠테이션 교육을 하고, 개별 발표에서 모의 평가를 하는 프로젝트에서 뵈었다. 강의 후 모의 발표와 평가까지 도맡아 책임이 큰 과업이었는데 150명이 넘는 참여자 중 이분이 단연 기억에 오래 남기도 하고, 내 가치관을 바꾼 분이기도 하다. 한 분이 개인마다 5분 동안만 발표해도 하루 종일 걸리는 평가가 며칠씩 이어지는 프로그램이어서 강사로서도 긴장의 연속이었던 스케줄이었다. 창업하기 위해 기존의 문제를 해결할 수 있는 아이템을 각자 소개하는 발표였다. 운동하면서 이동 중 흘리지 않고 물을 마실 수 있는 스포츠 물병을 개발하신 내용을 담으셨다. 발표 연단에 서신 뒤 처음 인사에서는 그리 떨지 않으셨는데 발표가 시작되자 말씀도 자주 버벅거리셨고, 문장도 제대로 마무리 짓지 못하셨다. 시제품으로 준비하신 물병을 보여 주실 때도 손을 너무 떨어서 바라보기 안쓰러울 정도였다. 잘하셨으면 좋겠다고 속으로 응원했지만, 평가는 냉정할 수밖에 없었다. 아쉽게도 최저점을 받으셨다. 모의 발표로 상위권 안에 들면 소정의 시제품 개발 비용이 지원되는 프로젝트였고, 다른 분들이 큰 차이가 날 정도로 너무 잘하셨다. 그 기수는 그렇게 교육 프로그램이 끝났다.

다음 주 다른 기수 교육 프로그램이 진행되는 때에 다시 청강하고 싶다고 강의장에 찾아오셨다. 그날도 발표와 평가가 계속 이뤄졌는데, 꼭 한 번 다시 발표하고 싶다고 청하셨다. 이미 끝난 기수가 다시 발표 기회를 가진다고 해도 결과는 바꿀 수 없다는 것을 잘 알고 계셨지만, 발표만큼은 순위에 상관없이 다시 하고 싶다고 간절하게 말씀하시는 요청을 거절할 수 없었다. 경쟁 외 발표이므로 참석한 다른 발표자들에게 동의를 구했다. 아무래도 연세가 좀 있으신 분께서 점잖게 부탁하시니 모두 조금 늦게 끝나더라도 발표를 같이 들어 드리기로 했다. "안녕하십니까. 발표할 수 있는 기회를 주셔서 감사합니다. 저는 오늘…." 발표가 시작되자 난 눈이 휘둥그레졌다. 안경을 치켜올리며 다시 한 번 그분의 발표에 집중했다. 지난주에 발표를 망쳐 버린 분이 아니었다. 쌍둥이라도 있으신 걸까 의심될 정도로 전혀 다른 멋진 발표 실력을 갖춰서 나타나셨다. 앉아 있던 분들은 지난주 이분의 '망친' 발표를 듣지 못했기에 잘 모르는 상황이었다. 지난 주 발표와 비교할 수 없었는데도 발표 시작부터 연단을 내려오실 때까지 그날 발표자들과 비교해도 무척 잘한 실력자였다. 뒤에서는 환호성과 기립 박수도 나왔다. 점수만으로 보면 그날의 3등이었다.

발표와 평가가 끝나고 그분에게 따로 여쭸었더니 수줍게 노트 하나를 꺼내서 보여 주셨다. 펼친 페이지 양쪽에 한자 '바를 정正' 글자가 빼곡하게 적혀 있었다.

"이거 뭔지 아시겠어요? 지난번에 제가 너무 떨어서 실수만 잔뜩 하고 갔잖아요. 강의 때 배운 복식호흡 꼭 해 보라고 하셔서 제가 매일 복식호흡 하고 혼자서 발표 연습한 횟수입니다. 저 진짜로 100번 연습하고 왔어요."

쑥스러운 기색이 역력하면서도 자랑하고 싶으셨던 어르신께서는 껄껄 웃으시면서 노트를 몇 번이고 보여 주셨다. 그 노력의 시간이 담긴 노트와 어르신을 번갈아 보고 눈물이 찔끔 났다.

"네, 대표님 정말 잘 해내셨네요. 다시 보니 원래 잘하실 수 있는 분이셨는데 지난번에 실력이 다 나오지 않았었네요. 원래 오늘처럼 이렇게 잘하시는 분인데도 제가 알려 드린 복식호흡 덕분에 잘할 수 있었다고 말씀도 해 주셔서 감사합니다. 꼭 오늘이 아니어도 오늘처럼만 프레젠테이션 하시면 앞으로 더 좋은 기회가 많이 있을 것입니다. 진심으로 감사합니다."

그날 이후 비슷한 프로그램의 창업 발표 교육이 있을 때마다 이분을 꼭 언급한다. 적어도 나이와 상관없이 실수 경험과 상관없이 누구든 제대로 된 연습만 하면 달라질 수 있다고. 말을 잘하고 싶고, 바꾸고 싶고 더 나아지고 싶고 좋아지고 싶다면 꾸준한 연습으로 해결할 수 있다. 하루 동안 내내 한 번 닥쳐서 연습하는 것보다 조금씩 자주 꾸준하게 연습하는 사람이 어떤 환경에서도 잘 말할 수 있는 내공이 생긴다.

2만 시간, 10만여 명의 사람들의 말하기 실력이 좋아지는 것을 곁에서 지켜보았다. 처음부터 모든 상황에서 항상 완벽하게 말하는 사람은 단 한 사람도 없었다. 그 누구도 실수 마일리지 없이 한 번에 잘하지 않았다. 시행착오와 꾸준한 연습을 몸에 익혀 중요한 순간에 잘 해내기 위해 노력했고 그 노력은 좋은 결과로 되돌아왔다. 정답은 없다. 각자에게 맞는 해답이 있을 뿐이다. 이 책을 통해 말하기 해답을 찾으셨길. 해답을 찾았다면 책을 덮고 말하며 연습하시길! 말은 말로 해야 실력이 는다. 이 책이 당신의 친절한 페이스메이커로 남길 바란다. 책에 소개한 다양한 사례에 등장하는 많은 분들이 함께 응원하고 있다. 한두 가지만 연습해도 당신이 소진되지 않는 관계들이 많아질 것이다. 말에는 힘이 있다. 힘이 있는 말은 연습으로 이루어진다.

말을 연습한다고 해서 단번에 모든 것이 마법처럼 좋아지
기 어렵다. 하지만 단 한 가지 가장 거슬리거나 부족한 점만
소거하고 나면 나머지 요소들은 신기하게도 듣기 더 좋게,
말하기 더 편하게 바뀔 수 있는 여지가 생긴다.

지금 한 문장 연습하는 것이 진짜 시작이다

책 속에는 수많은 인생이 등장했다. 나의 말하기에 영향을 미친 사람들도 있었고, 함께 성장한 사람들도 있다. 그들의 기쁨과 설렘, 도전과 열정의 순간들을 같이 할 수 있는 시간이었다. 말이 달라지니 관계가 좋아지고 삶이 견고해졌다. 책에 언급한 모두의 성장기 덕분에 나도 겸허하게 더 배울 수 있었다.

책을 마무리하며 상상한다. 독자의 손이 책 어딘가를 다시 펼쳐 읽어 주시면 좋겠다고. 그보다 지금 당장 입술을 뗄 조금 더 정돈된 말씀을 연습하는 독자가 있다면 더할 나위 없겠다. 아무 말도 생각나지 않는다면 이 책을 읽은 느낌을 딱 한 문장으로 말씀해 보시길! 그래서 이 책의 마무리는 끝나는 뜻의 '에필로그'라고만 하기에는 어쩐지 부족해서 '나아가는 말'이라고 붙였다.

책을 다 읽으니 나도 이제 할 수 있겠다는 독자들이 많아졌으면 좋겠다. 무엇보다 그동안 어떻게 연습해야 할지 몰라 애태우던 분들이 마침내 "관계가 좋아졌다", "일이 편해졌다", "합격했다", "승진했다", "고객이 많아졌다"처럼 작은 소원을 이루었다고 자랑하는 이야기를 자주 들려 주길 바라는 마음을 담았다. 자, 지금 입술을 떼고 한 문장 연습하는 것이 바로 진짜 시작이다. 그 시작의 첫마디에 박수를 보낸다.

마지막으로 지면을 빌어 감사를 전한다. 첫째 딸의 지경을 넓혀 달라는 부모님의 새벽 기도 덕분에 성장했다. 무슨 일을 하든 언제나 아낌없이 지지해 주는 남편의 응원하는 말 덕분에 쓰기 힘든 순간들도 버텨 냈다. 항상 언니의 일을 엄지척해 주는 두 동생과 제부들, 그리고 목소리만 들어도 한껏 웃게 되는 사랑하는 조카까지 가족 덕분에 이 책을 끝까지 쓸 수 있었다.

무엇보다 이 책을 쓰도록 동기 부여해 주신 존경하는 강원국 작가님께 감사드린다. 단순한 스피치 이론이 아닌 나의 이야기를 나만의 방법으로 풀어내도록 격려해 주셨다. 강원국 작가님과는 몇해 전 처음, 인문학 콘서트 사회자와 강연자로 뵀는데, 그때나 지금이나 한결같으시다. 쓰시는 글과 하시는 말이 언제나 간결하면서도 울림이 있어 뵐 때마다 배운다.

테라코타 출판사 관계자들께도 애정을 담아 감사드린다. 함께 출간을 준비하며 책 쓰는 즐거움을 다시 느꼈다. 글을 다듬고 순서를 조정하고 제목을 정하며 단어 하나마다 큰 애정을 갖고 살펴봐 주셨다. 좋은 사람들과 일할 수 있어 책을 만드는 동안 정말 행복했다. 끝으로 이 책을 쓸 수 있도록 수많은 성공과 실패와 노력으로 마침내 각자의 목표를 넘어서 잘 해낸 분들에게도 감사의 마음을 전한다. 지금도 어디선가 열심히 복식호흡을 하고 계실 분, 단어 하나 놓고 고민하는 분, 코칭에 따라 녹화해서 다시 들어보며 말하기를 조금씩 고치고 있을 분들에게 뜨거운 박수를 보낸다. 나아가는 말까지 읽어 주신 독자님들에게도 미리 감사를 전한다. 또 하나의 연습 에피소드와 멋진 성공기가 들리길 소망한다.

나를 소진하지 않는
관계의 말들

초판 1쇄 인쇄 2024년 10월 2일
초판 1쇄 발행 2024년 10월 18일
지은이 강은하
펴낸이 배민수 이진영
기획 · 편집 밀리&셸리
마케팅 태리
펴낸곳 테라코타　　**출판등록** 2023년 1월 13일 제2024-000080호
주소 서울시 용산구 원효로 128 e-테크벨리오피스텔 907호
메일 terracotta_book@naver.com
인스타그램 @terracotta_book

* 이 책의 전부 또는 일부 내용을 재사용하려면 반드시 사전에 저작권자와
  테라코타의 동의를 받아야 합니다.
* 인쇄·제작 및 유통상의 파본 도서는 구입하신 서점에서 바꿔드립니다.
* 책값은 뒤표지에 있습니다.